Peter Michel: Karma und Gnade

Peter Michel

Karma und Gnade

Aquamarin Verlag

Titelbild von Heita Copony
1. Auflage, 1988

Voglherd 1 · D- 8018 Grafing
Druck: Wiener Verlag, Himberg
Herstellung: P & P Lichtsatz GmbH, Grafing
ISBN 3-922936-70-9

Inhaltsverzeichnis

Einleitung

Keine religiöse Idee (oder Bewegung) des 20. Jahrhunderts kann auf einen ähnlichen Siegeszug zurückblicken wie jene von der Reinkarnation. Die Vorstellung wiederholter Erdenleben, verbunden mit dem Gesetz der ausgleichenden Gerechtigkeit (Karma), leuchtet als Erklärungsmodell für die großen Lebensfragen des Woher, Warum und Wohin zutiefst ein. Nach letzten Meinungsumfragen hält bereits jeder dritte Amerikaner den Reinkarnationsgedanken für wahrscheinlich oder ist fest von seiner Richtigkeit überzeugt. Auch in Europa gewinnt der Reinkarnationsglaube kraft seiner Argumente gerade in Kreisen der Intellektuellen immer mehr Anhänger. Aufgrund meditativer oder therapeutischer Erfahrungen sprechen zahlreiche Menschen mittlerweile nicht mehr von einem Glaubensbekenntnis sondern von einer Erfahrungsgewißheit.

Die Auseinandersetzung mit der Idee von Wiedergeburt und Karma erwies sich nicht, wie die christlichen Kirchen lange gehofft hatten, als Modewelle einer gelangweilten New-Age-Schickeria, sondern als gerade religiös engagierte Menschen zutiefst bewegende Lehre. Nicht der Sonntagmorgen-Christ suchte die Begegnung mit einem neuen geistigen Kosmos, sondern der Sucher, der spirituell interessierte Mensch, der sich nicht länger mit überholten Leerformeln einer verbrauchten Orthodoxie zufriedengab. Die Reinkarnations- und Karma- Lehre erfordert den bewußt lebenden Menschen, den verantwortungsbewußten Mitbürger, der sich seinen Verpflichtungen stellt – Gott und der Gesellschaft gegenüber.

Die Befürworter der Vorstellung eines karmischen Ausgleiches anerkennen die Idee von der Einheit allen Seins. Der Mensch ist

in die göttliche Schöpfungsordnung gestellt, um in Kenntnis der Gebote zur bewußten Gotteskindschaft heranzureifen. Dieser Weg *muß* ein Weg der Freiheit sein, denn das Bild eines göttlichen Marionettenspielers, der an verborgenen Fäden die menschlichen Puppen bewegt, kann die religiöse Seele niemals bejahen. Sie ist genauso abzulehnen wie das Dogma einer göttlichen Vorherbestimmung zum ewigen Heil oder zur ewigen Verdammnis. Eine augustinische Prädestinationslehre, aufbauend auf einer zwischen Kreatianismus und Traduzianismus schwankenden Seelenlehre, erreicht in keiner Auslegung die ethische Höhe der Lehre von Wiedergeburt und Karma. *)
Die nachstehende Abhandlung wird, von einer Analyse der historischen Entwicklung ausgehend, zu zeigen versuchen, welche geistigen Gesetzmäßigkeiten im einzelnen den Ideen von Reinkarnation und Karma zugrundeliegen. Die Dokumentation aus wissenschaftlichen Untersuchungen und bewegenden Erlebnisberichten wird dem aufgeschlossenen Leser alle Möglichkeiten eröffnen, sich eine fundierte eigene Meinung zu bilden.
Dem auf orthodox-christlichen Boden stehenden Leser mag mancher Gedanke dieses Buches fremd erscheinen. Er möge ihn vorurteilsfrei prüfen. Die kritische Haltung des Verfassers gegenüber der kirchlichen Lehrmeinung wird unübersehbar sein. Sie resultiert aus der Arroganz eines Klerus, der eine einseitige Gnadenlehre und zutiefst unglaubwürdige Evolutionsvorstellungen für christlicher hält als den Gedanken des allmählichen Reifens in Gottes Schöpfung, in eigener Verantwortung für Denken und Handeln und in letzter Konsequenz allzeit geborgen in Seiner Gnade.
Die christlichen Kirchen werden umdenken müssen, wenn sie in

---

*) Vgl. ausführlich S. 36

der geistigen Auseinandersetzung der kommenden Zeit ihre Berechtigung über das caritative Moment hinaus erweisen wollen. Mit Absolutheitsansprüchen wird ein wahres Argument nicht zu entkräften sein. Ein Dogma beweist nicht dadurch seine Richtigkeit, daß es zweitausend Jahre alt ist. Kein Kirchenbann konnte die Einsicht verhindern, daß die Erde nicht der Mittelpunkt des Universums ist; und auch die spitzfindigste Scholastik wird die einfache Wahrheit nicht widerlegen, die von des Menschen Weg aus ferner Vergangenheit kündet, geboren aus dem Geist Gottes, zu dem er zurückkehrt nach langer Wanderschaft. Söhne und Töchter Gottes werden am Ende der Erdenevolution stehen, gereift im Kraftfeld von Karma und Gnade.

I. Kapitel

Reinkarnation und Karma in den Weltreligionen

Seit Urzeiten kreist das religiöse Denken und Fühlen des Menschen um die Frage der Unsterblichkeit. Gibt es etwas, das die physische Form belebt und ihren physischen Verfall überlebt? Wenn ja, in welcher Weise ist dieses Überleben vorstellbar?

Die großen Weltreligionen gaben und geben unterschiedliche Antworten. Wenngleich die Existenz einer unsterblichen geistigen Substanz im Menschen weitgehend einheitlich bejaht wird, unter Berücksichtigung der Unterschiede in den Modalitäten, so lassen sich doch in den Lehren über ein Weiterleben nach dem Tode beträchtliche Unterschiede aufzeigen. Die asiatischen Hochreligionen – Hinduismus und Buddhismus – haben im Verlauf ihrer Geschichte sehr detaillierte Vorstellungen zur Wanderung der Seele durch die Welten entwickelt. In beiden Weltreligionen bilden Reinkarnation und Karma zentrale Bestandteile der Eschatologie. Sie dominieren nicht nur in den Reihen der religiösen Führer, sie haben auch entscheidend das spirituelle Leben der breiten Massen geprägt.

Im Judentum taucht die Reinkarnationsidee nur in den esoterischen Lehren der Kabbalisten und den Erzählungen der Chassidim auf. In allgemeinen religiösen Lehren spielt sie keine Rolle. Auch im Christentum lassen sich nur wenige biblische Passagen als Hinweise zur Wiedergeburtslehre auslegen; und nach der Verurteilung der auf Origenes zurückgehenden Präexistenz-Lehre durch das Konzil von Konstantinopel, im Jahre 553, ge-

riet sie völlig in Vergessenheit. Eine weitgehend unmündige Gläubigenschar ließ sich mit vagen Jenseitshoffnungen trösten und manipulieren. Erst mit dem Beginn der Aufklärung gewinnt die Idee der wiederholten Erdenleben eine zunehmende Schar von Sympathisanten unter den Intellektuellen. Seit Mitte des zwanzigsten Jahrhunderts, einhergehend mit einer tiefgreifenden religiösen Bewußtwerdung und Emanzipation von klerikaler Dominanz, beginnt auch in der christlichen Gesellschaft die Vorstellung von Reinkarnation und Karma tiefgreifende Veränderungen im Denken und Fühlen hervorzurufen.
Im Islam spielt die Vorstellung der Reinkarnation eine unbedeutende Rolle. Abgesehen von einigen Sufi-Orden läßt sich kaum eine Strömung, aufbauend auf einer Tradition, nachweisen, die mit vergleichbaren Ideen sympathisierte. Hier wird es noch langjähriger „Glaubenskämpfe" bedürfen, ehe eine freie Religiosität so dominante Bewegungen wie den schiitischen Fundamentalismus überwinden kann.
Es stellt ein erstaunliches Phänomen dar, daß sich der Reinkarnationsgedanke vor allem unter toleranten und offenen Glaubenssystemen entfalten kann, während ein eher totalitaristisches religiöses Umfeld dieser Idee extreme Opposition entgegensetzt. Die Karma-Vorstellung fordert die Freiheit des Individuums, das nur Gott gegenüber in der Verantwortung steht. Damit werden alteingesessene Privilegien der Priesterhierarchien entscheidend beschnitten. Wer, der ein wenig von der Psychologie des unvollkommenen Menschen versteht, wollte über diese Auseinandersetzung verwundert sein.

HINDUISMUS

Das indische Denken, geprägt durch eine jahrtausendealte lebendige Synthese von Mystik (Yoga) und Philosophie, läßt sich ohne die Einbeziehung der Reinkarnations- und Karma- Lehre nicht verstehen. Bemerkenswerterweise durchdringt sie, wie auch im Buddhismus, sämtliche Bevölkerungsschichten; ein Phänomen, das im Abendland zur Zeit so noch nicht vorstellbar ist. Die Annahme einiger westlicher Autoren, die Akzeptanz der Wiedergeburtsidee gehe im modernen Indien zurück (1), dürfte kaum den Tatsachen entsprechen. *„Alle indischen Denker glauben, daß die natürliche Weltordnung zugleich eine moralische Weltordnung ist und daß dieses Faktum darin zum Ausdruck kommt, daß jede Tat, jedes Wort und jeder Gedanke eine seiner sittlichen Qualität entsprechende Vergeltung finden muß.“* (2)

Differierende Auffassungen finden sich daher nicht in bezug auf die Faktizität der Wiedergeburt, sondern nur hinsichtlich des Ursprungs der Reinkarnationslehre und der Art und Weise ihres Vollzugs. Während die westliche Indologie allgemein davon ausgeht, eine ausgeprägte Wiedergeburtsphilosophie sei erst mit Abfassung der frühen Upanishaden entstanden, sieht einer der bedeutendsten indischen Gelehrten dieses Jahrhunderts, der ehemalige Staatspräsident S. Radhakrishnan, schon im Rig-Veda Ansätze dieser Lehre. *„Das unsterbliche Selbst wird wiedergeboren in einem neuen Körper, entsprechend der Verdienste seiner Taten.“* (Rig-Veda I, 164, 30 und 38) (3)
Unabhängig von der Frage der Deutung läßt sich jedoch feststellen, daß in den frühen vedischen Schriften der Karma- Lehre keine vorrangige Bedeutung zukommt. (4) Wahrscheinlich beschreibt Heinrich Zimmer die historische Situation korrekt,

1) So etwa Carl-A. Keller, Hinduistische Lehren vom Wesen und Wirken des Karma, in: H. Hänggi u.a., Reinkarnation/Wiedergeburt aus christlicher Sicht, Freiburg (CH), 1987, S.10
2) Helmuth v. Glasenapp, Die Philosophie der Inder, Stuttgart 1974, S.12
3) Zit. in: J. Head/S.L. Cranston, Reincarnation, New York 1979, S.36 (die dt. Übersetzung von Geldner weicht in diesem Vers stark von jener Radhakrishnans ab.)
4) Vgl. Paul Deussen, Das System des Vedanta, Leipzig 1906, S.385 ff.

wenn er eine Beeinflußung der vedischen Arier durch die dravidischen Völker Indiens annimmt, bei denen der Reinkarnationsgedanke ein Grundgesetz war. (5)
Mit der Abfassung der ersten Upanishaden (ca. 750 v.Chr.) tritt das indische Denken in ein neues Stadium. Erstmals wird in einer ausgearbeiteten philosophischen Lehre die Reinkarnation aufgrund karmischer Faktoren begründet. Das neue Erdenleben strukturiert sich aufgrund der im vergangenen Leben ausgeführten Handlungen.
„*Welche nun hier einen erfreulichen Wandel haben, für die ist Aussicht, daß sie in einen erfreulichen Mutterschoß eingehen, einen Brahmanenschoß oder Kshatriyaschoß oder Vaishyaschoß; – die aber hier einen stinkenden Wandel haben, für die ist Aussicht, daß sie in einen stinkenden Mutterschoß eingehen werden, einen Hundeschoß, oder Schweineschoß, oder in einen Candalaschoß.*" (Chandogya-Upanishad, 5, 10, 7)
„*Hingegen wer ihm nicht antworten kann, den läßt er (der Mond), zu Regen geworden, herabregnen. Der wird hienieden, sei es als Wurm, oder als Fliege, oder als Fisch, oder als Vogel, oder als Löwe, oder als Eber, oder als Beißtier, oder als Tiger oder als Mensch, oder als sonst etwas, an diesem oder jenem Ort wiederum geboren, je nach seinem Werke, je nach seinem Wissen." (Kaushitaki-Upanishad 1,2)*
„*Wie ein Goldschmied von einem Bildwerke den Stoff nimmt und daraus eine andre, neue, schönere Gestalt hämmert, so auch diese Seele, nachdem sie den Leib abgeschüttelt und das Nichtwissen losgelassen hat, so schafft sie sich eine andre, neuere, schönere Gestalt, sei es der Väter oder der Gandharven oder der Götter oder des Prajapati oder des Brahman oder anderer Wesen.*
...je nachdem seine Einsicht ist, danach tut er das Werk (kar-

5) Vgl. H. Zimmer, Philosophie und Religion Indiens, Ffm. 1979[3], S. 173 u. 231

man), je nachdem er das Werk tut, danach ergeht es ihm." (Brihadaranyaka-Upanishad, 4,4, 4+5) (6)

In der upanishadischen Epoche setzt auch die Diskussion über die Differenziertheit alles Seienden ein. (7) In den ältesten Upanishaden wird zwischen Belebtem und Unbelebtem noch keine strikte Trennung vollzogen – alles Leben ist eines. Daher erscheint auch die Reinkarnation in Tiere und Pflanzen möglich. Die Alleinheits-Lehre führte in der Atman-Philosophie dann zu einer weitgehend monistischen Seelenlehre. Das Einzelselbst ist identisch mit dem All-Selbst, wobei zu fragen bleibt, ob die alten indischen Weisen dies wirklich im Sinne eines Auf*gebens* des Individuellen im Absoluten oder eines Auf*nehmens* verstanden haben.

Die später entstandene Bhagavad Gita (Radhakrishnan setzt sie im 5. Jh. v. Chr. an) gründet ihre Seelenlehre ausschließlich auf dem Reinkarnationsmodell. „*Der Yogin aber, der, von allen Sünden gereinigt, in vielen Lebensläufen sich vollendend, mit Eifer strebt, erreicht sodann das höchste Ziel.*" (VI, 45)

„*Wie die Seele bereits in diesem Körper Kindheit, Jugend und Alter hat, so geschieht es auch, daß sie einen anderen Körper ergreift. Der Weise wird daran nicht irre.*" (II, 27) (8)

Herauszuheben im Denken der Bhagavad Gita ist der dynamische, evolutive Aspekt der Wiedergeburt. Die Reinkarnation wird nicht mehr im Umfeld mythologischer Erzählungen interpretiert, sondern sie offenbart sich als entscheidender Bestandteil eines Entwicklungsprozesses. Die Seele, aus dem Absoluten (Brahman) hervorgehend, soll die Schöpfung durchschreiten, um zur Quelle zurückzukehren. Sie soll lernend sich weiterent-

---

6) Die dt. Übersetzung der Upanishaden erfolgt nach Paul Deussen, Sechzig Upanishad's des Veda, Leipzig 1905
7) Vgl. dazu Deussen, ebd. , S.21 ff. und 463 ff.
8) Die dt. Übersetzung der Bhagavad Gita erfolgt nach S. Radhakrishnan, Die Bhagavad Gita, Wiesbaden, o.J.

wickeln, ohne im Reich der Schöpfung den schöpferischen Ursprung zu vergessen. Doch genau dies geschieht. Die Seele vergißt in der Inkarnation ihre eigentliche Heimat, sie sondert (Sündenfall, Ab-sonderungs-fall) sich ab. *„Die Seele genießt in der* prakriti *die Erscheinungsweisen der Natur. Ihr Hangen an den Erscheinungsweisen ist die Ursache für ihre Geburten in gutem oder schlechtem Mutterschoße."* (XIII, 21) Erst wenn die Seele sich wieder ihres eigentlichen Wesens bewußt wird (möglicherweise durch Gnade), kann sie den Weg zur Rückkehr beschreiten.

Der moderne Hinduismus – seit Ramakrishna – spiegelt noch einmal die ganze Palette der alten Schriften wider. Uralte Mythen und animistische Seelenvorstellungen tauchen ebenso auf wie höchste Spiritualität erleuchteter Denker. So ist beispielsweise noch bei Vivekananda oder bei Ramana Maharshi eine Reinkarnation in tierische Körper denkbar. (9)

Der größte Weise des modernen Indiens, Sri Aurobindo, lehnt eine Rückkehr der menschlichen Seele in einen Tierkörper ab. Als Begründung führt er die Gesetzmäßigkeit der Natur an, die einen einmal vollzogenen Entwicklungsschritt nicht wieder aufhebe. Der Aufstieg vom Tier zum Mensch – nach Aurobindos Lehre – ist irreversibel. Es gibt keinen Abstieg.

„Zuerst müssen wir fragen, ob die Seele, wenn sie einmal das Menschsein erlangt hat, wieder zum Tierleben und Tierkörper zurückkehren kann. Das ist ein Rückschritt, den die alten populären Theorien der Seelenwanderung für eine gewöhnliche Bewegung gehalten haben. Es erscheint unmöglich, daß die Seele in ihrer Ganzheit so zurückfallen könnte. Der Grund ist, daß der Übergang vom Tier zum menschlichen Leben eine einschneidende Bewußtseins-Umwandlung bedeutet, die genauso einschneidend wie die Umwandlung des vitalen Bewußtseins der

9) Vgl. dazu P. Michel, Das Weltbild der Yoga-Meister, Forstinning 1982, S.209 ff.

Pflanze in das Bewußtsein des Tieres ist. Es ist gewiß unmöglich, daß eine von der Natur vollzogene, so entscheidende Umwandlung durch die Seele wieder rückgängig gemacht werden könnte und daß die Entscheidung des Geistes in ihrem Inneren sozusagen nichtig würde." (10)
Die menschliche Seele verläßt im Tod ihren Körper und geht in die geistige Welt ein. Dieser Vorgang bedeutet nicht die Unterbrechung einer geistigen Entwicklung. Die Existenz in der geistigen Welt ist verbunden mit der Verarbeitung der gewonnenen Eindrücke und Vorbereitung für eine neue Inkarnation, die dem Ziel, letztlich die Erdenschule verlassen zu dürfen, näherbringen soll.
„Jene Zuflucht muß auf der Stufe zwischen Tod und Geburt fortbestehen. Denn eine neue Geburt, ein neues Leben nimmt die Entwicklung nicht genau an dem Punkt wieder auf, wo sie im letzten Leben aufhörte. Sie wiederholt nicht nur unsere frühere oder vordergründige Persönlichkeit und die Gestaltung unserer Natur und setzt diese fort. In jener Zuflucht findet Angleichung statt. Alte Charaktereigenschaften und Beweggründe werden abgelegt, manche verstärkt und neugeordnet. Die Entwicklungen der Vergangenheit werden neu gesichtet und für die Zwecke der Zukunft ausgewählt. Ohne das kann der neue Anfang nicht erfolgreich sein, die Entwicklung nicht weiterführen. Denn jede Geburt ist ein neuer Anfang. Gewiß entwickelt er sich aus der Vergangenheit; er ist aber nicht deren mechanische Fortsetzung. Wiedergeburt ist keine ständige Wiederholung, sondern ein Fortschritt. Sie ist der Mechanismus eines evolutiven Prozesses." (11)
„Die Seele tritt um der Erfahrung willen in die Geburt ein, um des Wachstums und der Entwicklung willen, bis sie das Göttliche in die Materie bringen kann." (12)

---

10) Aurobindo, Das Göttliche Leben II, 2, Gladenbach 1974, S. 156
11) ebd. , S.201
12) ders. Briefe über den Yoga, Pondicherry 1977, Bd. II, S.78

Der Weg der Reinkarnation stellt daher bei den bedeutendsten indischen Denkern und Mystikern des 20. Jahrhunderts einen Weg der Lichtwerdung, der Vergöttlichung dar. Alles von der Seele verursachte Dunkel muß auch von ihr wieder ins Licht gewandelt werden. Wenn dieser Prozeß abgeschlossen ist, kann sie auf neuen, lichteren Pfaden ihren Weg fortsetzen.
Frei von Erdenkarma strebt sie jenen Welten zu, die sie einst verließ und zu denen sie über den Erdenweg zurückfinden soll.

BUDDHISMUS

Die hinduistische und die buddhistische Reinkarnations- und Karma-Lehre ähneln einander in zahlreichen Aspekten. Vor allem hinsichtlich der Gesetzmäßigkeiten des Karma sind die Parallelen offensichtlich. Als problematisch dagegen erweist sich die Frage nach dem Selbst (Atman). Gibt es eine individuelle Wesenheit, die den Tod überlebt und – sofort oder nach dem Jenseits-Aufenthalt – zurückkehrt in eine körperliche Hülle? Hier zeigen sich tiefgreifende Meinungsverschiedenheiten zwischen den Vertretern der Nicht-Selbst-Lehre (anatta) und den Befürwortern einer eher individuell verstandenen Buddha-Natur.
Die Textüberlieferungen zur Wiedergeburtslehre sind im buddhistischen Kanon nicht zu zählen. Sie reichen von spitzfindigsten Parabeln bis hin zu den Jataka-Märchen. (13) Von besonderer sprachlicher Schönheit sind die im Dhammapadam gesammelten Aussprüche:

---

13) Vgl. hierzu das Selbstzeugnis des Buddha in der „Mittleren Sammlung" in : Die Reden Gotamo Buddhos, übertr. von Karl Eugen Neumann, Bd. 1, Zürich 1956, S.25 f.

Vergangen Dasein, wer das kennt,
So Unterwelt wie Oberwelt,
Und die Geburten hat versiegt,
Alleinig durch die Dinge schaut:
Den Allvollendensendiger,
Den heiß ich einen Heiligen.
(423) (14)

Im Gespräch mit Nigrodho führt der Buddha aus: *„Es gibt ja, Nigrodho, unheilsame Dinge, die zu lassen sind, besudelnde, Wiederdasein säende, entsetzliche, Leiden ausbrütende, wiederum Leben, Altern und Sterben erzeugende: davon sich abzukehren leg' ich die Lehre dar, so daß ihr Schritt um Schritt die besudelnden Dinge verlieren, die läuternden Dinge erwerben, euch die Weisheit in ihrer Fülle und Weite noch bei Lebzeiten selber offenbar machen, verwirklichen und erringen könnt.“* (15)
Der Buddhismus verfügt, auch verglichen mit dem Hinduismus, über die ausgefeilteste Karma-Lehre. Viele Lehrreden und Gleichnisse des Buddha greifen auf die karmischen Verwicklungen des Menschen zurück, ohne zu beanspruchen, eine letztgültige Erklärung des Daseinsrätsels zu liefern. Allgemein unterscheidet der Buddhismus drei Arten von Karma:

1) bei Lebzeiten reifendes Karma
2) im nächsten Leben reifendes Karma
3) in späteren Leben reifendes Karma

Diese Grundstruktur wird ergänzt durch die Gesetzmäßigkeit des *„Entstehens in Abhängigkeit“*, von der abendländischen Forschung auch als die *„Formel vom Kausalnexus“* bezeichnet. (16)

---

14) zit. nach K. E. Neumann, a.a.O., Bd.3, S.701
15) zit. nach K. E. Neumann aus der „Längeren Sammlung“, a.a.O.,Bd.2, S.460
16) Vgl. Helmuth v. Glasenapp, Die Weisheit des Buddha, Wiesbaden o.J., S.50 ff.

Die zwölf Glieder dieser Formel beinhalten die Haupt- und Nebenfaktoren des Karma-Gesetzes, als deren wichtigste wohl die Unwissenheit (avidya) über die geistigen Lebensgesetze und die Begierde, der Lebensdurst (trishna), hervorzuheben sind. Garma C.C. Chang überliefert in seinem ausgezeichneten Artikel *„Die Lehre vom Karma“* (17) eine Lehrrede Buddhas, die in anschaulicher Weise die Detailfreudigkeit und Genauigkeit der buddhistischen Karma-Lehre zum Ausdruck bringt.

„Srimalasimhanada fragte den Buddha: „Wie kommt es, daß eine Frau sowohl häßlich als auch arm ist? Wie kommt es, daß andere häßlich, aber reich sind? Wie kommt es, daß eine Frau schön, aber arm ist? Wie kommt es, daß wiederum eine andere Frau sowohl schön als auch reich ist?“

Der Buddha antwortete: „Eine Frau, die in früheren Leben aufbrausend und jähzornig war, und außerdem noch sehr geizig und nicht bereit war, Mönche und andere Menschen finanziell zu unterstützen, wird in ihrem jetzigen Leben sowohl häßlich als auch arm sein.

War eine Frau in einem früheren Leben aufbrausend und jähzornig, aber großzügig und bereit, Mönche und andere Menschen zu unterstützen, so wird sie in ihrem jetzigen Leben häßlich, aber reich sein.

Eine Frau, die früher friedlich und sanft war, aber von Natur aus geizig und nicht bereit zu geben, die wird in ihrem jetzigen Leben schön, aber arm sein.

Eine Frau, die in einem früheren Leben friedlich und sanft war und außerdem bereit, ihren Besitz zu teilen, wird in ihrem jetzigen Leben mit Schönheit und Reichtum gesegnet sein.“ (18)

Man könnte annehmen, der Buddhismus neige zur Überheb-

17) In „Bodhi Baum“ 6/84, S.311-334
18) ebd. S.326 f.

lichkeit des Alles-Erklären-Könnens, doch dieser Eindruck wäre nicht korrekt. Schon Chang läßt in seinem zitierten Artikel seine Ehrfurcht vor dem Geheimnis des Weltgesetzes anklingen, die Christmas Humphreys in zwei bemerkenswerten Sätzen zusammenfaßt: *„Sogar für unsere Intelligenz sind die Verzweigungen und Wechselbeziehungen von Ursache und Wirkung in allen Teilen des Universums so unglaublich komplex, daß niemand behaupten könnte, sie zu verstehen. Von welch erhabener Weisheit muß das Wesen sein, dessen Einsicht dieses Gesetz an der Quelle seiner ewigen Majestät erfassen kann!“* (19)

Im Gegensatz zum frühen Hinduismus und auch in Widerspruch zu einigen modernen indischen Lehrern, kennt der Buddhismus keine Wiedergeburt ins Tierreich. *„Die Wiedergeburt kann im niedersten Wilden oder in einem König der Tugend stattfinden, aber nicht in etwas Tieferstehendem. Der degradierte Glaube an die Wiedergeburt in tierischer Form ist ein anderes Beispiel einer mißverstandenen spirituellen Wahrheit.“* (20)

Auch die der Karma-Lehre häufig vorgeworfene Rigidität einer deterministischen Philosophie läßt sich im Buddhismus nicht – zumindest nicht generell – aufrechterhalten. Lama Anagarika Govinda, einer der großen Weisen dieses Jahrhunders, stellt aus der Sicht des tibetischen Buddhismus klar, inwiefern Karma als großes kosmisches Entwicklungsgesetz zu betrachten ist und nicht als Krämerseelenaufrechnung. *„Die Idee, daß die Folgen aller Taten, seien sie gedanklicher oder körperlicher Art, bis zum letzten ausgekostet werden müssen und daß selbst durch die unscheinbarste Handlung, durch die geringste Gemütsbewegung, man weiterhin in das unentrinnbare Netz des Schicksals verstrickt ist, ist sicher das furchtbarste Schreckgespenst, das der menschliche Intellekt je heraufbeschworen hat; denn nur nachträgliche Verbegrifflichung und Konkretisierung wesentlicher Zusammen-*

---

19) C. Humphreys, Karma und Wiedergeburt, München 1981³, S.12 f.
20) ebd. S.87 f.

hänge des Schicksals konnten aus dem lebendigen Geist unseres innersten Wesens die blinde Notwendigkeit eines mechanischen Gesetzes konstruieren. Mechanische oder absolute Gesetze sind nur auf unbelebte „Dinge" oder begriffliche Einheiten anwendbar, d.h. auf gedankliche Abstraktionen, aber nicht auf lebende, wachsende Organismen, die Einheiten nur im Sinne ihrer Kontinuität und der Richtung ihrer Transformation sind. " (21)
Diese Aussage Lama Govindas muß vor dem Hintergrund des buddhistischen Karma-Begriffes gesehen werden, wie er ihn in seinem Hauptwerk „Schöpferische Meditation und Multidimensionales Bewußtsein" skizziert. *„Karma ist im Buddhismus ein rein psychologischer und kein metaphysischer Begriff. Er hat keineswegs die Bedeutung eines unwiderruflichen Schicksals oder Loses, sondern die von „Tun". Die Definition von Handeln ist entsprechend den Worten des Buddha im Anguttara Nikaya VI, 63: „Wollen, o Mönche, das nenne ich tun!" Mit anderen Worten, nur da, wo Absicht, das heißt, bewußt motiviertes Handeln ist, können wir von einer „karmischen" Tätigkeit sprechen, und nur ein solches Tun hat charakterformende Auswirkungen, die unsere Neigungen bestimmen und damit unser zukünftiges Handeln und Reagieren. Charakter ist nichts anderes als die Tendenz unseres Willens, die sich durch wiederholte Handlungen herausbildete. Jede bewußt ausgeführte Handlung hinterläßt eine unterbewußte Spur.* " (22) Diese Philosophie der Tat kennzeichnet gerade den abendländischen Buddhisten. Verantwortung und Selbstbestimmung in der Achtung des großen Weltengesetzes. Vor diesem Hintergrund ist eine Kritik schwer verständlich, wie sie Rudolf Steiner anläßlich eines Vortrages in Stuttgart im Jahre 1912 formulierte: *„Und würde der Buddhismus im Abendland eine besondere Verbreitung gewinnen, so würde dies ein Beweis*

21) L. A. Govinda, Grundlagen tibetischer Mystik, München 1975[5], S.331 f.
22) L. A. Govinda, Schöpf. Medit., Freiburg 1977, S. 326

dafür sein, daß diejenigen Seelen zahlreich sind, die zu den schwächsten, den lebensuntüchtigsten gehören, denn diese wären es, welche ihn annehmen würden." (23)
Diese Aussage läßt sich weder aus spiritueller noch aus gesellschaftspolitischer Sicht aufrechterhalten, wofür im 20.Jahrhundert gerade die „Inkarnation des Buddhismus" in Form des Dalai Lama als Beweis angeführt werden kann. (24) Sein Engagement, als Buddhist und Mensch, worauf er im Gespräch der Religionen immer hinweist, belegt das starke gesellschaftliche Verantwortungsgefühl, das auch aus der Karma-Lehre seine Kraft erhält. Als amüsante und doch lehrreiche Anekdote mag eine Antwort des Dalai Lama auf die Frage nach dem Zweck des Karma-Gesetzes hier zitiert werden:

Frage: Was ist der Zweck dieses Wiederkommens und Sich-Erinnerns?
Antwort: Es ist, wie wenn man fragen würde, welches der Zweck ist, daß das Gras wächst – oder so ungefähr. (25)

Den eigentlichen Kernpunkt in der Diskussion der buddhistischen Reinkarnationslehre bildet der Komplex des Selbst. Interpretieren die Vertreter der Anatta-Lehre den Buddha korrekt, wenn sie ihm unterstellen, er habe die vollständige Auflösung der Individualität in der Erleuchtung postuliert? Betrachten wir zuerst den Dhammapadam:

---

23) R. Steiner, Wiederverkörperung, Themen aus dem Gesamtwerk 9, Stuttgart 1982, S.113
24) Der Dalai Lama verdient „naturgemäß" auch als faszinierendes Beispiel für die Reinkarnationslehre Beachtung. Bereits als zweijähriger Knabe erkannte er die im vorherigen Leben getragenen Kultgegenstände wieder, benannte ehemalige Berater korrekt und bestand zahlreiche Prüfungen. Vgl. Head/Cranston, Reincarnation, 99
25) Richard Friedli, Zwischen Himmel und Hölle, Freiburg (CH), 1986, S.87

Das Selbst nur ist des Selbstes Herr,
Welch höhern Herren gäb' es wohl!
Mit allbezähmtem Selbst, fürwahr,
Erlangt man schwer erlangbaren,
Besitzt man einzig seltnen Herrn.
(160)

Offensichtlich unterscheidet der Buddha zwischen einem vergänglichen Selbst (Ego, Persönlichkeit etc.) und dem wahren (ewigen ?) Selbst, so daß fraglich erscheint, ob eine Position wie die Glasenapps den Kern der Lehre trifft, wenn er ausführt: *„Es gibt für ihn (Buddha) keine unsterbliche beharrende Seelensubstanz, welche eine vom Körper verschiedene unveränderliche Einheit darstellt, vielmehr beruht auch das ganze geistige Leben nur auf der gesetzmäßigen Kooperation flüchtiger Faktoren."* (26) Glasenapps Theorie steht im Widerspruch zu den Ausführungen einer Reihe prominenter abendländischer Buddhisten. Schon Ende des ausgehenden 19. Jahrhunderts formulierte Henry S. Olcott in seinem weitverbreiteten und auch von asiatischen Buddhisten sehr geachteten „Buddhistischen Katechismus": *„Während des Lebens verändern sich die Skandhas* (27) *beständig, und während der Mann A. B. von 40 Jahren, was seine „Persönlichkeit" betrifft, mit dem Jüngling A. B. von 18 Jahren identisch ist, so ist er doch wiederum, infolge der fortwährenden Abnutzung und Erneuerung seines Körpers und der Veränderung seines Geistes und Charakters, ein verschiedenes Wesen. Nichtsdestoweniger erntet der Mensch in seinem späteren Alter genau den Lohn oder das Leid, die aus seinen Gedanken und Taten auf jeder vorhergehenden Stufe seines Lebens folgen. So erntet auch*

---

26) Glasenapp, Phil. d. Inder, a.a.O., S.310
27) Buddha unterschied fünf Skandhas: Das Körperliche (Rupa); Lust und Unlust, Empfindungen (Vedana); Unterscheidungs- und Begriffsvermögen (Sanjna); Triebkräfte und Willensregungen (Sanskara); reines Bewußtsein (Vijnana).

das neue Wesen eines wiederum Geborenen – welches dieselbe Individualität wie vorher ist, nur in einer veränderten Form oder neuen Gruppierung der Skandhas – genau die Folgen seiner Taten und Gedanken in der vorhergehenden Existenz." (28) Die Idee des kontinuierlichen Wachstums birgt große Überzeugungskraft; nur muß es innerhalb dieses Wachstumsprozesses einen Wachsenden geben. Wie der alte Mann, auf die Bilder aus seiner Kindheit zeigend, sagen kann: „Das war ich", so muß auch das ICH, wenn es einmal rückschauend seine Inkarnationen übersieht, feststellen können: „Das war mein Weg." Die Skandhas erklären die Struktur des Reinkarnationsvorganges, wenn man von ihrer gesetzmäßigen Affinität durch die Inkarnationen ausgeht, aber sie gewinnen ihre Sinnhaftigkeit erst unter Annahme eines ewigen Individuums. (29)

Auch der Zen-Buddhismus bekennt sich in gewisser Weise zum Selbst, wie einer seiner prominenten Vertreter, D. T. Suzuki, ausführt: *„Ohne Selbst existiert keine Individualität; ohne diese Invidualität gibt es keine Verantwortung. Ohne die Idee der Verantwortung wird die Moral verschwinden ... menschliche Gemeinschaft wird nicht länger möglich sein. Wir müssen in irgendeiner Weise ein Selbst besitzen."* (30)

Für den noch immer zweifelnden Abendländer mag als Kronzeuge noch einmal der Dalai Lama zu Wort kommen, der bei seinem ersten Besuch in den USA anläßlich eines Vortrages an der renommierten Harvard-Universität bestätigte: *„Durch unsere eigene Erfahrung wird gewiß, daß das Selbst existiert. Wenn wir eine totale Selbst-Losigkeit annehmen würden, dann gäbe es niemanden, der Mitgefühl entwickeln könnte. Selbst im Nirvana,"* fügte er hinzu, *„besteht die Kontinuität des Bewußtseins; die*

---

28) H. S. Olcott, Der buddhistische Katechismus, Leipzig 1906, S.65
29) Vgl. zu diesen Überlegungen auch Humphreys, 79 und Head/Cranston, 63
30) Suzuki, The Field of Zen, London 1969, S.58. Zit. in : Sylvia Cranston/Carey Williams, Reincarnation, New York 1984, S.240

Kontinuität von Geist und Form (body) ist nicht aufgelöst.“ Und fortfahrend ergänzte er: *„Wenn sich die Kontinuität von Geist und Form auflösen würde, während Nirvana verwirklicht wird, dann gäbe es niemanden, der Nirvana verwirklicht.“* (31)
Der moderne Buddhismus bejaht in seinen hervorragendsten Repräsentanten die Existenz eines höheren Selbst, einer Buddha-Natur. (32) Allerdings darf diese, was zu den bemerkenswertesten Lehren des Buddhismus überhaupt zählt, nicht als statische Wesenheit verstanden werden. Ein ewiges Halleluja-Singen findet nicht statt! Auch das höhere Selbst befindet sich, wie unbegreiflich dieses Geheimnis auch dem unerleuchteten Verstand erscheinen mag, in einem unabschließbaren, dynamischen Prozeß der Annäherung an das Absolute. Nirvana ist nicht das Ende, sondern ein (neuer) Anfang des unendlichen Pfades.

JUDENTUM

Im Judentum kommt der Reinkarnationslehre bei weitem nicht jene überragende Bedeutung zu, wie es im Hinduismus und Buddhismus der Fall ist. Dies mag eine Erklärung in der Tatsache finden, daß die Eschatologie im jüdischen Glauben keine prominente Rolle spielt – und vor allem nicht gespielt hat. Festzuhalten bleibt allerdings die dogmatische Offenheit in dieser Frage. Hiob (33) erhielt keine Antwort, als er ausrief: *„Wenn einer stirbt, lebt er dann wieder auf?“* (Hiob 14,14)

---

31) Zit. ebd., S.239
32) Vgl. dazu die treffenden Ausführungen von Hans Torwesten, Sind wir nur einmal auf Erden?, Freiburg 1983, S.147
33) Nach kabbalistischer Auffassung mußte Hiob leiden, um für seine Sünden aus einem früheren Erdenleben zu büßen. Vgl. Gershom Scholem, Ursprung und Anfänge der Kabbala, Berlin 1962, S.405

Im Alten Testament lassen sich nicht sehr viele Textstellen ausfindig machen, die sich reinkarnatorisch deuten lassen.

Ich war ein begabtes Kind und hatte eine
gute Seele erhalten, oder vielmehr:
gut, wie ich war, kam ich in einen unverdorbenen Leib.

(Weisheit 8, 19, 20)

Du läßt die Menschen zurückkehren zum Staub
und sprichst: „Kommet wieder ihr Menschen!"
Denn tausend Jahre sind für dich
wie der Tag, der gestern vergangen ist,
wie eine Wache in der Nacht.
Von Jahr zu Jahr säst du die Menschen aus;
sie gleichen dem sprossenden Gras.
Am Morgen grünt es und blüht,
am Abend wird es geschnitten und welkt.

(Psalm 90, 3-6)

Der Herr hat mich geschaffen im Anfang seiner Wege,
vor seinen Werken in der Urzeit;
in frühester Zeit wurde ich gebildet,
am Anfang, beim Ursprung der Erde.

(Sprichwörter 8, 22, 23)

Der Ursprung einer jüdischen Reinkarnationslehre läßt sich nur schwer bestimmen, trotzdem scheint zur Zeit Jesu die Idee wiederholter Erdenleben unter den Juden nichts Ungewöhnliches gewesen zu sein, wofür auch die Fragen der Jünger (Joh. 1, 19-21 und Matth. 16, 13-16) bzw. ihre Darlegungen des Glaubens der Bewohner Palästinas sprechen.
Im 8. Jahrhundert kam es zwischen den Rabbaniten und Quaräern zu einem Schisma, bei dem u.a. die Seelenwanderungslehre

im Mittelpunkt stand. (34) Historisch greifbarer wird die Reinkarnationslehre im Judentum des Mittelalters. Die älteste kabbalistische Quelle, das Buch Bahir, erwähnt die Wiederverkörperung in mehreren Passagen als selbstverständliches Glaubensgut.

> *Warum geht es (manchem) Frevler gut und (manchem) Gerechten schlecht? Weil der Gerechte schon (einmal) in der Vergangenheit ein Frevler war, der nun bestraft wird. Aber bestraft man denn für (Vergehen der) Jugendtage? Rabbi Simon hat doch gesagt, daß man erst vom zwanzigsten Jahre ab bestraft!? Ich spreche ja nicht vom (selben) Leben, ich spreche davon, daß er schon in der Vergangenheit da war.*
>
> *(35)*

> *So steht geschrieben (Eccles. 1,4): „Ein Geschlecht geht und ein Geschlecht kommt" und Rabbi Akiba hat gesagt: Was bedeutet: „ein Geschlecht geht und ein Geschlecht kommt?" Ein Geschlecht, das schon (einmal) gekommen ist.*
>
> *(36)*

Die letzte Fassung des Buches Bahir wird von Scholem auf das Jahr 1180 in Südfrankreich angesetzt. (37) Da die Orthodoxie zu jener Zeit der Reinkarnationslehre aber ablehnend gegenüberstand, nimmt Scholem katharische Einflüsse an, schließt aber auch alte gnostische (jüdische) Überlieferungen nicht aus. Von den Katharern unterscheidet sich die kabbalistische Auffassung

---

34 Vgl. ebd. S. 170
35) Das Buch Bahir, neu hrsg. v. Gershom Scholem, Darmstadt (WBG) 1970, § 135
36) ebd., § 86 Vgl. dazu auch die Darlegungen des Kabbalisten Philip S. Berg, The Wheels of a Soul, New York 1984, S.23
37) Scholem, Von der mystischen Gestalt der Gottheit, Ffm. 1977, S.193

allerdings in der Frage einer Reinkarnation ins Tierreich, die sie verwirft. (38)

Vom 13. Jahrhundert an weist die Geschichte der Reinkarnationslehre in der Kabbala zahlreiche große Namen auf. Unter dem Begriff „gilgul“ entwickelt sie sich zu einem festen Bestandteil der esoterischen Überlieferung des Kabbalismus. (39) Offen bleibt, ob diese Lehre als allgemeines menschliches Lebensgesetz angenommen wurde oder nur für das „auserwählte Volk Israels“ zutraf, wofür einige Textbelege sprechen.

Die esoterischen Aspekte der Kabbala gewannen im Laufe der Jahrhunderte herausragende Bedeutung. Die Eingeweihten des Judentums drangen in tiefe mystische Bereiche vor, die weit jenseits der Orthodoxie lagen. So vermag nach der Lehre des Isaak Luria (1534-1572), einem der Großen der kabbalistischen Tradition, der Eingeweihte die Geheimnisse der Reinkarnation am Körper und in der Aura des Menschen zu entschlüsseln. *„Jeder Mensch trägt die geheimen Spuren der Wanderung seiner Seele in den Lineamenten seiner Stirn und seiner Hand mit sich, sowie in der Aura, die von seinem Körper ausstrahlt.“* (40)

Ausgehend von einer esoterischen Überlieferung fand die Lehre der wiederholten Erdenleben über den Chassidismus Eingang in die Gläubigkeit des einfachen Menschen. Buber's „Erzählungen der Chassidim“ enthalten zahlreiche Berichte, Legenden und Anekdoten, in denen die Reinkarnationsidee im Mittelpunkt steht. Eine der aufschlußreichsten Erzählungen rankt sich um Jakob Jizchak von Lublin, genannt „Der Seher“.

„Wenn er (der Seher) jemandem auf die Stirn sah oder jemands Bittzettel las, sah er bis in die Wurzeln von dessen Seele im ersten Menschen hinein, sah, ob sie von Abel oder von Kain herkam, sah, wie oft sie schon auf ihrer Wanderung leibliche Gestalt ange-

---

38) ders. Ursprung, a.a.O., S.166
39) Vgl. Scholem, Gottheit 193-247
40) Scholem, Die jüdische Mystik in ihren Hauptströmungen, Ffm. 1967, S.311

zogen und was sie in jedem einzelnen Leben verdorben, was verbessert hatte, in welche Sünde sie sich verwickelt, an welcher Tugend sie sich aufgerichtet hatte.“ (41)
Im Judentum des 20. Jahrhunderts scheint erneut ein starkes Interesse an der Reinkarnationslehre zu erwachen, wofür vor allem die Arbeit des Rabbi P. S. Berg Zeugnis ablegt, doch gilt es, ähnlich wie es sich auch für das Christentum zeigen wird, zahlreiche Widerstände zu überwinden. (42)

CHRISTENTUM

Noch vieles habe ich euch zu sagen,
aber ihr könnt es jetzt nicht tragen.
Wenn aber jener kommt, der Geist der Wahrheit,
wird er euch in die ganze Wahrheit führen.
(Joh. 16, 12, 13)

Täuscht euch nicht:
Gott läßt keinen Spott mit sich treiben;
was der Mensch sät, wird er ernten.
(Gal. 6, 7)

Seitens christlicher Theologen wird vielfach die Ansicht vertreten, die Lehre von Reinkarnation und Karma widerspräche elementar dem christlichen Glauben, sei biblisch nicht begründbar und von der Kirche nie gelehrt worden. (43) Lassen sich diese drei Behauptungen wahrlich aufrechterhalten?

---

41) Martin Buber (Hrsg.), Die Erzählungen der Chassidim, Zürich 1949, S.461 (vgl. zur Reinkarnation auch die S.17, 423, 575, 746)
42) Vgl. Berg, a.a.O. S.21
43) Die gesamte historische Problematik kann hier verständlicherweise nicht erörtert werden. Es empfiehlt sich für den interessierten Leser die Lektüre der bahnbre-

Von Moses wird Gott als ein „eifriger“ Gott dargestellt, der „die Sünden der Väter heimsucht an den Kindern bis ins dritte und vierte Glied.“ (5. Mose, 5, 9) Wenn man von der Vorstellung des liebenden Gottes„vaters“ ausgeht, wie er ja ausdrücklich von den christlichen Kirchen bekannt wird, so stellt sich die Frage, ob eine wörtliche Auslegung dieser Bibelstelle gerecht wird. Ganz zu schweigen von den Schwierigkeiten, die den Gegnern der Reinkarnationslehre diese Aussage bereitet. Käme der Vorstellung von der Güte und Gerechtigkeit Gottes nicht der Gedanke näher, hier sei ein Hinweis auf das Wiedergutmachen einer alten (Väter) Schuld in einem oder mehreren neuen Erdenleben (Kinder) gegeben? Ist die Reinkarnationslehre nicht unendlich viel humaner als das Erbsündendogma? Wenn man Gott für gütig und weise genug hält, um die Seele *einmal* in die Inkarnation zu senden, bei aller Chancenungleichheit, mit welchem Argument möchte man ein mehrmaliges Senden als grausam, furchtbar, inhuman etc. bezeichnen?
Unbestreitbar kommt der Reinkarnationslehre im Neuen Testament keine Bedeutung zu; aber für wieviele andere höchst wesentliche Lehren gilt dieser Sachverhalt nicht auch? Christus hatte noch vieles zu lehren, wofür offensichtlich die Zeit nicht reif war. Möglicherweise gab es auch unter den Jüngern einen eingeweihten Kreis, wofür gnostische Überlieferungen ein Indiz bieten. Trotzdem lassen sich einige bemerkenswerte Passagen zur Reinkarnations-Problematik auch im Neuen Testament finden. Jesus selbst offenbarte seinen Jüngern, daß Johannes der

---

chenden Arbeiten von Geddes MacGregor, Reinkarnation und Karma im Christentum, 2 Bde., Grafing 1985. Vgl. außerdem Cranston/Williams, a.a.O., S.199 ff.
Für die Frage der Textbelege auch lesenswert: Hermann Bauer, Wiedergeburt, Würzburg 1986[2]
Aus christlicher Sicht, aber sorgfältig abwägend: Robert Ernst, Zum Problem der Reinkarnation und „Überseelung“, in: Grenzgebiete d. Wissens. 2/86 sowie Hans Küng, Ewiges Leben? München 1983[3], S. 85 ff. und Christentum und Weltreligionen, München 1984, S.335 ff.
Dialogfähig zeigt sich auch die um Objektivität bemühte Arbeit von Reinhart Hummel, Reinkarnation, Mainz 1988.

Täufer die Reinkarnation des Propheten Elias war. *„Und wenn ihr es annehmen wollt: Er ist Elia, der kommen soll."* (Matth. 11,14) *„Ich sage euch aber: Elia ist schon gekommen, und sie haben ihn nicht erkannt, sondern mit ihm getan, was sie wollten. So wird auch der Menschensohn durch sie leiden müssen. Da verstanden die Jünger, daß er zu ihnen von Johannes dem Täufer redete."* (Matth. 17, 12 f.) Die Verneinung des Johannes, er sei nicht Elia, auf die Frage der Priester (Joh. 1, 2), zeigt zweierlei: zum einen die Bekanntschaft mit der Reinkarnationslehre bei der Priesterschaft und zum anderen die Unwissenheit des Johannes über sich selbst. Die Aussage des Johannes hervorzuheben, um die Aussage Jesu zu entkräften, er sei der reinkarnierte Elia, hieße das Wort des Schülers über das Wort des Meisters zu stellen.

Auch in den breiten Bevölkerungsschichten, aus denen ja die weitgehend nicht intellektuell gebildeten Jünger stammten, muß der Wiederverkörperungsgedanke bekannt gewesen sein, sonst ließe sich die Frage der Jünger, ob der Blindgeborene oder seine Eltern gesündigt hätten (Joh. 9, 2) nicht verstehen, denn der Blindgeborene konnte ja nur in einem früheren Leben gesündigt haben. Nun wird die Antwort Christi gerne herangezogen, um zu belegen, er habe die Anschauung der Jünger zurückgewiesen. Es heißt (Joh. 9, 3) : *„Jesus antwortete: „Weder dieser hat gesündigt noch seine Eltern. Vielmehr sollen die Werke Gottes an ihm offenbar werden."* Rudolf Steiner übersetzt an dieser Stelle: *„...damit die göttliche Art, die Welt zu regieren, offenbar werde"*, und weist darauf hin, wenn weder der Blindgeborene noch seine Eltern gesündigt hätten, so müsse die Ursache in einer früheren Inkarnation zu suchen sein. (44) So wird Jesu Hinweis auf die Werke (=Wirken) Gottes eine Belehrung über die

---

44) R. Steiner, Spirituelle Seelenlehre und Weltbetrachtung, Dornach 1972, S.80
Vgl. auch J. M. Pryse, Reinkarnation im Neuen Testament, Schwarzenburg 1980

wiederverkörperte Seele, wobei der Ausdruck „dieser" den Jüngern anzeigen sollte, über die gegenwärtige menschliche Form hinauszudenken.

Ein weiteres Indiz für die Bekanntschaft der Juden mit der Wiederverkörperungslehre findet sich in Matth. 16, 13 f.: *„Als aber Jesus in die Gegend von Cäsarea Philippi kam, fragte er seine Jünger: „Für wen halten die Leute den Menschensohn?" Sie antworteten: „Die einen für* (die Wiederverkörperung) *Johannes den Täufer, andere für* (die Wiederverkörperung) *Elia, andere wieder für* (die Wiederverkörperung) *Jeremia oder sonst einen Propheten."* Ohne die Grundlage der Reinkarnationslehre entbehrte die Anschauung des Volkes jeder Vernunft.

Auch die Gleichnisse vom Fischnetz (Matth. 13, 47-50) und vom Weinstock (Joh. 15, 1-6) lassen sich unter dem Gesichtspunkt der Wiederverkörperung deuten. Die weggeworfenen Fische und die abgeschnittenen Reben lassen sich als die zur Wiederverkörperung bestimmten Seelen interpretieren, ohne der textlichen Vorlage Gewalt anzutun.

Eine besonders umstrittene Stelle des Neuen Testamentes findet sich zur Reinkarnationsfrage im Hebräerbrief. Dort heißt es (9, 27): *„Und wie es dem Menschen bestimmt ist, ein einziges Mal zu sterben, worauf dann das Gericht folgt."* Diese scheinbar so eindeutige Aussage – von Paulus, nicht von Jesus – wird von verschiedenen Gelehrten durchaus unterschiedlich interpretiert. Nach der Rückübersetzung von Pfarrer Günther Schwarz, der versuchte einen aramäischen Originaltext zu rekonstruieren, müßte der Text lauten: *„Wie lange es den Menschen bestimmt ist zu sterben, danach aber ein Gericht, so lange wird auch Christus den auf ihn Wartenden erscheinen zum Heile."* (45) In dieser Aus-

45) Hebr. 9, 27 wird in verschiedenen Publikationen ausführlich diskutiert. Für den interessierten Leser werden hier drei informative Quellen genannt:
Cranston/W., Reinc., a.a.O., S.207/H. Bauer, a.a.O. Wiedergeburt, S. 64 ff.
Rudolf Passian, Wiedergeburt, München 1985, S. 103 f.

legung würde die gesamte Stelle sogar zum Argument für die Reinkarnationslehre werden.
Die Beziehung von Karma und Gnade wird im Verlauf dieser Arbeit noch einer ausführlichen Betrachtung unterzogen werden. Hinsichtlich des Neuen Testaments bleibt hier nur generell festzuhalten, daß der Aspekt des Karma auch dort nachzuweisen ist. Der Apostel Paulus formulierte das Gesetz des Karma in seinem Brief an die Galater (Gal. 6, 7) :*„Täuscht euch nicht: Gott läßt keinen Spott mit sich treiben; was der Mensch sät, wird er ernten.“*
Auch Christus selbst wies auf das Gesetz der vergeltenden Gerechtigkeit hin: *„Denn alle, die zum Schwert greifen, werden durch das Schwert umkommen.“* (Matth. 26, 52) In der Offenbarung (13,10) wird dies noch einmal bestätigt: *„Wenn jemand mit dem Schwert tötet, der muß mit dem Schwert getötet werden.“* Da die Geschichte an zahllosen Beispielen nachgewiesen hat, wie Menschen ihre Feinde „mit dem Schwert töteten“, danach lange lebten und „in Frieden“ starben, stellt sich die Frage nach dem Ausgleich. Soll er in der geistigen Welt erfolgen, wo die Seelen weder über einen fleischlichen Körper noch über Waffen verfügen? Wohl kaum. Die Vergeltung erfolgt in einem neuen Erdenkörper, in dem der Mensch das „erntet, was er gesät hat.“ Wenn das Wirken der göttlichen Gerechtigkeit für den Menschen nicht immer ersichtlich ist, so liegt dies allein in seinem begrenzten Bewußtsein begründet. Doch sollte er die Worte Christi nicht außer Acht lassen: *„Kauft man nicht zwei Sperlinge um einen Pfennig? Dennoch fällt keiner auf die Erde ohne euren Vater. Nun aber sind auch eure Haare auf dem Haupte alle gezählt.“* (Matth. 10, 29 f.) Die Allmacht Gottes und seine Gerechtigkeit übersteigt menschliches Begreifen, und so kann auch das Versprechen Christi an den neben ihm gekreuzigten Verbrecher, er werde in kürze mit ihm im Paradies sein, nur auf diesen speziellen Menschen bezogen sein. Denn ebenso gut ließe sich eine

Pauschal-Gnaden-Lehre fragen, warum der zweite Verbrecher, der Christus nicht anerkannte, nicht auch gleich mit ins Paradies enthoben wurde. (46)

Die Kirchenväter der ersten nachchristlichen Jahrhunderte, soweit sie uns heute überliefert sind, dachten anscheinend nicht im Sinne der Reinkarnations- und Karma-Lehre, von einigen bedeutenden Ausnahmen abgesehen. Zu bedenken bleibt allerdings, daß möglicherweise nach der Verurteilung der origenistischen Seelenlehre (Präexistenz) im 6. Jahrhundert Quellen von der „Rechtgläubigkeit" vernichtet wurden, um den „wahren Glauben zu schützen". Bedauerlicherweise haben auch sonst sehr verdienstliche Autoren wie K. O. Schmidt oder Th. Dethlefsen, ungeprüft unbewiesene Behauptungen übernommen, etwa dahingehend, zahlreiche Kirchenväter, so auch Augustin, hätten uneingeschränkt an die Reinkarnation geglaubt. Dabei zählen Dethlefsen und auch H. Bauer ohne zu zögern gleich noch den jüdischen Neuplatonisten Philon zu den christlichen Kirchenvätern. (47)

Von den frühen Patristikern darf Origenes als der größte bezeichnet werden. Er war der erste systematische Denker des Christentums – und er bekannte sich zur Lehre der Wiederverkörperung. Dies war vor allem deshalb möglich, weil seine Seelenlehre eindeutig die Präexistenz der Seele vor der Inkarnation bejahte. Origenes ging in seiner Theologie von einer ursprünglich geistigen Schöpfung aus. Jedes geistige Geschöpf – alle waren auf einer gleichen „Stufe" erschaffen – kann wählen, entweder immer mehr mit dem göttlichen Schöpfer vereint zu werden oder sich von ihm zu entfernen. Eine völlige Abkehr führt letzt-

---

46) Vgl. zu dieser Frage H. Hänggi u.a. in : Reinkarnation, a.a.O., S.130

47) Vgl. Th. Dethlefsen, Schicksal als Chance, München 1979, S.249
K. O. Schmidt, Das abendländische Totenbuch, München 1978[5], Bd. 2, S.127
Die einzige reinkarnatorisch zu deutende Aussage Augustins findet sich in seinen „Bekenntnissen" (Conf. I, 6).

lich zum Entstehen der Materie und der physischen Einkörperung. Eine teilweise Abkehr von Gott führt zur Entstehung von Engelwesen. (48)

Die Seelen existieren also bereits vor ihrer Einkörperung, womit Origenes sich klar im Gegensatz zu den heute geltenden Auffassungen vom Kreatianismus und Traduzianismus befindet.

Kreatianismus:

> Im Beginn des Einzel-Lebens wird von Gott jedesmal für den neu entstehenden Körper eine neue (d.h. erstmals existente) Seele geschaffen, die aus dem Nichts kommt.

Traduzianismus:

> Die Seele wird zugleich mit dem Körper, als eine Art Fortpflanzungsprodukt, aus der elterlichen Substanz hervorgebracht.

Beide Vorstellungen lehnte Origenes ab. *„Alle körperlosen und unsichtbaren vernünftigen Geschöpfe gleiten, wenn sie in Nachlässigkeit verfallen, allmählich auf niedere Stufen herab und nehmen Körper an je nach der Art der Orte, zu denen sie herabsinken: z.B. erst aus Äther, dann aus Luft, und wenn sie in die Nähe der Erde kommen, umgeben sie sich mit noch dichteren Körpern, um schließlich an menschliches Fleisch gefesselt zu werden.“* (49)

In der Körperwelt gilt, ebenso wie in der geistigen Welt (kosmos noetos), die Gerechtigkeit Gottes. Origenes versucht dies vor allem am Beispiel von Esau und Jakob zu erweisen. *„Was Esau und Jakob betrifft, so findet man bei genauerem Studium der Schrift, daß keine Ungerechtigkeit ist bei Gott, so daß ehe sie geboren waren und etwas getan hatten – nämlich in diesem Leben – gesagt war, der Ältere solle dem Jüngeren dienstbar sein; und man findet, daß es auch keine Ungerechtigkeit war, daß Jakob im Mutterleib seinen Bruder zu Fall brachte. Wir müssen nur annehmen,*

---

48 Vgl. Origenes, De Principiis (ed. Görgemanns/Karpp, Darmstadt 1976) II, 9, 5
49) De Princ. I, 5, 3

daß er auch nach Verdienst dem Bruder vorgezogen wurde.“ (50) Am gleichen Beispiel versucht Origenes auch den Gedanken der ständig ab- und aufsteigenden (d.h. höherwertigen) Inkarnationen zu verdeutlichen. *„Wenn wir über die Seele des Esau nachforschen, so können wir feststellen, daß er wegen früherer Sünden zu einem tieferstehenden Leben verurteilt wurde.“* (51) Im Fall Esau liegt also noch eine absteigende Linie vor, die Origenes möglicherweise bis ins Tierreich annahm. (52) Entscheidend blieb für ihn in seinem Hauptwerk der Gedanke, die menschliche Seele wähle sich ihre Leben immer selbst in Freiheit. Wandte sich die Seele zum Logos in ihr, so führte ihr Weg zurück zu Gott, andernfalls entfernte sie sich von ihm.

Die Philosophie des Origenes und des ihm nachfolgenden – aber nicht immer mit seiner Lehre deckungsgleichen – Origenismus sollte Folgen haben. Auf dem 5. Konzil in Konstantinopel wurden zahlreiche Lehren, die weitgehend auf Origenes zurückzuführen waren, mit dem Anathem (Kirchenbann) belegt. Bedeutungsschwer war dabei die Ablehnung der Präexistenz der Seelen. So lauteten die zwei ersten Sätze der fünfzehn Anathematismen des Konzils von 553: *„Wenn einer die erdichtete Präexistenz der Seelen und ihre daraus folgende phantastische Wiederherstellung vertritt – so sei er im Bann.*

Wenn einer sagt: „Der Ursprung aller Vernunftwesen seien Intelligenzen ohne Körper und Stoff gewesen, zahllos und namenlos, und sie alle hätten eine Einheit gebildet durch die Identität der Substanz, der Kraft und Wirksamkeit und durch ihre Einung mit dem Gott-Logos und seiner Erkenntnis (d.h. alle waren christusähnliche Wesen, d. Verf.); *dann habe sie Überdruß erfaßt an der*

---

50) ebd. II, 9, 7
51) ebd. II, 8, 3
52) Vgl. F. H. Kettler, Der ursprüngliche Sinn der Dogmatik des Origenes, Berlin 1965, S.12 ff.
Zu Origenes allgemein empfiehlt sich: H. Koch, Pronoia und Paideusis, Berlin 1932

Schau Gottes; sie hätten sich zum Schlechteren gewendet, je nachdem wie sehr eine jede dazu hinneigte, und hatten Körper angenommen, feinere und dichtere, und einen Namen zugeteilt bekommen – denn es gibt Unterschiede sowohl der Namen wie auch der Körper bei den oberen Mächten –, und so seien sie teils Cherubim, teils Seraphim, teils Fürstentümer, Gewalten, Herrschaften, Throne, Engel und was es sonst an himmlischen Ordnungen gibt, geworden und benannt worden – so sei er im Bann." (53)
Mit diesemKonzilsbeschluß bedurfte es keiner gesonderten Verurteilung der Lehre von Reinkarnation und Karma mehr. Wenn die Präexistenz der Seele geleugnet wurde, konnte es selbstverständlich keine *Wieder*-Verkörperung geben, denn die Verkörperung war ja der erste Beginn seelischer Existenz, nachdem die Seele aus Nichts geschaffen wurde (laut Kreatianismus).
Der Umstand, daß dieser Beschluß erst dreihundert Jahre nach dem Tod des Origenes (254) gefaßt wurde, läßt darauf schließen, wie verbreitet die origenistischen Anschauungen waren. Andernfalls hätte sich schon weit früher eine klerikale Mehrheit gegen seine Überzeugungen gefunden. Der legendäre Ruhm des Kirchenvaters (Schüler bei Ammonios Sakkas, wie Plotin) ließ aber kaum frühere Schritte zu. Zudem wurde die Wiederverkörperungslehre, möglicherweise als „esoterischer" Lehrinhalt, mündlich unter den frühen Christen gelehrt. (54)
Vom 5. Jahrhundert an zeichnete sich im Christentum ein spiritueller Niedergang ab. Die großen, originellen Denker gehörten der Vergangenheit an. Die Kirche war seit dem 4. Jahrhundert Staatskirche, die Dogmatik war weitgehend befestigt, wahrhaft spirituelles Christentum in den Hintergrund getreten. Sieht man von der Gestalt des Scotus Eriugena ab, so läßt sich im Christentum der Übergangszeit vom Altertum zur Scholastik keine bedeutende Persönlichkeit finden.

---

53) Zit. in: De Princ. (ed. Görgemanns), S.825 ff.
54) Vgl. MacGregeor, Reinkarnation u. Karma im Christentum Bd.1

Mit dem Konzil von Konstantinopel war die Aufrechterhaltung der Lehre von der Wiedereinkörperung unmöglich geworden. Wer sie weiter vertrat, konnte seines Schicksals als Häretiker gewiß sein. So stehen die Geschehnisse um die mittelalterlichen Katharer, Albigenser und Waldenser nur in der Konsequenz kirchlicher Machtausübung. Seit 1100 gewannen die „Reinen" (gr. katharoi), von Südfrankreich und Oberitalien ausgehend, immer größeren Einfluß auf das christliche Glaubensleben. Ihnen, sowie den Albigensern und Waldensern, war die Bejahung des Wiederverkörperungsgedankens gemein. (55) In diesen freigeistigen Gruppierungen läßt sich diese Vorstellung erstmals nach der frühchristlichen Epoche wieder eindeutig belegen. Doch konnte es zu keiner Durchsetzung dieser Lehren kommen. Das Ende der „Ketzer" war blutig. Die Kirche setzte ihre militärische Macht ein und beendete die neuentstandene Lehre durch Vernichtung ihrer Vertreter kriegerisch. Von da an scheint die Wiederverkörperungslehre nur noch im vertraulichen Kreis gelehrt worden zu sein, bis sie – vielleicht über die Rosenkreuzer-Traditon weitergegeben – in der deutschen Romantik wiederauflebt. Möglicherweise gab es vereinzelte Persönlichkeiten im Katholizismus des 19. und 20. Jahrhundert, die mit der Reinkarnationsidee sympathisierten (56), größeres Gewicht erlangten sie in kirchlichen Kreisen nicht.

Eine historische Abhandlung über Reinkarnation und Karma im Christentum wäre unvollständig, würde sie nicht auch die Kritik der traditionellen Theologie zu Wort kommen lassen. So sollen hier einleitend einige Einwände seitens der katholischen Theologen Gebhard Frei und Hans Küng widerlegt werden. (57)

---

55) Vgl. W. Nigg, Das große Buch der Ketzer, Zürich 1970[5], S.167 ff.

56) So etwa Erzbischof Passavalli oder Kardinal Mercier. Vgl. dazu Head/Cranston, Reincarnation, Wheaton 1968, S.52 und Hugo S. Verbrugh, ..wiederkommen, Stuttgart 1982, S.116 f.

57) G. Frei, Reink. und christl. Glaube, in: Schweizer Rundschau 47/1947, S. 169–178 Hans Küng, Christentum und Weltreligionen, München 1984, S. 335 ff. ders., Ewiges Leben?, München 1983[3], S. 83 ff.

Einwand 1:	Leib und Seele sind eine Einheit.
Entgegnung:	Der Leib vergeht, während die präexistente Seele (Geistseele) in die Geistige Welt zurückkehrt, von wo aus sie sich ggf. neu inkarnieren kann.
Einwand 2:	Ist es gerecht, wenn ein Mensch gestraft wird, ohne Erinnerung an die Schuld einer früheren Existenz?
Entgegnung:	Kann man etwa von Gerechtigkeit sprechen, wenn man die karmische Lösung ablehnt? In diesem Fall muß der „unerschöpfliche göttliche Ratschluß“ herhalten. Die Erinnerung wurde aus weiser Voraussicht gelöscht, damit die reinkarnierte Geistseele unbelastet ihren neuen Weg beschreiten kann.
Einwand 3:	Karma steht im Widerspruch zur Güte und Gnade Gottes.
Entgegnung:	Das karmische Gesetz ist die Gnade Gottes, die das Gefallene auf neuen Wegen in Freiheit zum Ursprung zurückführt. (Vgl. Kap. XVIII)
Einwand 4:	Es ist abzulehnen zu glauben, Jesus, Maria und die großen Heiligen hätten ihr Leid in früheren Inkarnationen verursacht.
Entgegnung:	Alle großen Botschafter aus dem Licht können karmische Lasten der Verkörperten auf sich nehmen und so an deren Erlösung mithelfen („Verbrennen des Karma“).
Einwand 5:	Die Sünde gegen den unendlichen Gott kann nach dem Maß der strengen Gerechtigkeit auch durch unzählige Reinkarnationen nicht gesühnt werden.

Entgegnung: Hier liegt ein völlig irriger Gottesbegriff vor. Gott braucht unsere Sühne nicht. Die gefallenen Wesen brauchen die Sühne, damit sie zu Gott zurückkehren können. Gott reicht seine Hände allen und jederzeit, manche ergreifen sie sofort, manche erst nach langer Zeit (= vielen Inkarnationen).

Einwand 6: Die Allmacht Gottes könne einen Menschen in kurzer Zeit aus Gnade reifen lassen.

Entgegnung: Wozu erfolgt dann überhaupt die Inkarnation? Wo bleibt die Freiheit des Geschöpfes, wenn es gewissermaßen durch „Zwangsreifung" zum Gotteskind wird? Wo läge das Kriterium für die willkürliche Gnadenzuwendung?

Einwand 7: Alles, was durch Reinkarnation erklärt werden soll, kann auch durch den jenseitigen Weg des Reifens erklärt werden.

Entgegnung: Unerklärt bliebe bsw. die Frage des Genies und die Frage des Leides. Gänzlich unbeachtet blieben die zahllosen sicher dokumentierten Reinkarnationsfälle, die als „wissenschaftlichen Beweis" zu erklären sich viele etablierte Wissenschaftler *heute noch* scheuen.

Der einzige gewichtige Einwand kommt von Hans Küng hinsichtlich der Frage nach dem Ursprung des Karma. Die Erwiderung darauf ist unmittelbar mit der Frage nach dem Geheimnis von Schöpfung verknüpft und wird eine Antwort nur im Mythos finden. (58) Gänzlich untragbar ist allerdings Küngs Annahme, es könne *„Störungen der Weltordnung geben, die durch keine menschliche Tat wieder rückgängig gemacht werden könne"*. (59)

---

58) Vgl. dazu P. Michel, Die Botschafter des Lichtes, Bd. 1, Forstinning 1983, Kap.1
59) Küng, Ewiges Leben, 87

Dies bedeutet, die Macht des Menschen höher anzusetzen als die Weisheit und Vorhersicht Gottes. Unverständlich für den Sachkenner bleiben auch Küngs Einwände, *„vor dem biblischen Hintergrund erscheinen somit spiritistische Überzeugungen von einem feinstofflichen Astralleib doch eher wie purer Aberglauben"*; oder *„keiner der Berichte über eine Erinnerung an ein (!) früheres Leben konnte verifiziert werden."* (60) Hier scheinen dem sonst doch so sachkundigen Tübinger Theologen ganze Serien von Veröffentlichungen entgangen zu sein, von Moody bis Stevenson, von Ring bis Kübler-Ross. Seine Argumentation wird leider vollständig von den sorgfältigst dokumentierten Fakten widerlegt. So verwundert es nicht, wenn immer mehr Christen im Tiefsten ihrer Seelen den Gedanken der wiederkehrenden Seelen als einsichtiger empfinden, und so mag dieser Exkurs in die Geschichte mit Goethe geschlossen werden, der im „Gesang der Geister über den Wassern" spricht:

Des Menschen Seele
Gleicht dem Wasser:
Vom Himmel kommt es,
zum Himmel steigt es,
Und wieder nieder
Zur Erde muß es,
Ewig wechselnd...

---

60) Küng, ebd. S.89

ISLAM

In der Glaubenswelt des Islam besitzt die Reinkarnation- und Karma-Lehre die geringste Basis. Eine ausgebildete Vorstellung über karmische Gesetzmäßigkeit kennt der Islam nicht. (61) Auch die Idee einer Evolution durch Wiederverkörperung spielt in der arabischen Glaubenswelt kaum eine Rolle, obwohl sie in einigen esoterischen Ordensgemeinschaften anzutreffen ist. Der Sufismus kennt den Reinkarnationsgedanken, und auch bei den Drusen läßt sich diese Vorstellung in verbreiteter Form nachweisen.
Der Koran enthält, ähnlich wie das Neue Testament, nur einige versteckte Hinweise auf die Reinkarnation.

Wie wollt ihr Allah leugnen?
Ihr wart ja ohne Leben,
er hat euch Leben gegeben;
er wird euch sterben lassen,
und er wird euch dereinst wieder zum Leben rufen –
dann werdet ihr zu ihm zurückkehren.

Sure 2, 29

Allah hat euch aus der Erde hervorgebracht,
und er wird euch wieder in dieselbe zurückführen
und auch wieder aus derselben hervorrufen.

Sure 71, 18, 19

Trotzdem finden sich zahlreiche prominente Mohammedaner, so etwa der Gibran-Biograph Mikhail Naimy (62), die dem Wie-

61) Vgl. Annemarie Schimmel, Mystische Dimensionen des Islam, Köln 1985, S.207
62) Vgl. Head/Cranstion, S.167 f.

dergeburtsgedanken als esoterische Lehre im Islam zur Anerkennung verhelfen wollen.
Eine interessante Position vertritt der Moslem-Gelehrte M. H. Abdi, der die Reinkarnationslehre als Wissen des inneren Kreises, der Eingeweihten, in der Frühzeit des Islam ansieht. Parallel mit einer starken Säkularisierung und Politisierung trat dann der spirituelle Islam gegenüber einem eher profanen mehr und mehr in den Hintergrund. (63) Angesichts der gegenwärtigen Wirren in der islamischen Welt und der kriegerischen Auseinandersetzungen zwischen Schiiten und Sunniten, erscheint es zweifelhaft, ob eine so feingewobene Metaphysik, wie sie die Reinkarnationslehre darstellt, eine gewichtige Rolle unter den Nachfolgern Mohammeds wird spielen können. Vielleicht erinnern sich die Jünger und Jüngerinnen des Propheten jedoch einmal wieder an die Worte eines ihrer Größten – Dschelal ed-Din Rumi:

Ich starb als Stein – und wurde Pflanze.
Ich starb als Pflanze – und wurde Tier.
Ich starb als Tier – und wurde Mensch.
Warum sollte ich also den Tod fürchten?
Bin ich durch das Sterben geringer geworden?
Einmal werde ich als Mensch sterben –
und als lichter Engel auferstehen.

---

63) Vgl. Cranston/Williams, S.175 f.

II. Kapitel

Reinkarnation und Karma in der Philosophie

Das philosophische Denken der Menschheit berührte zu allen Zeiten und in allen Kulturkreisen immer wieder das Thema der Wiedergeburt. Die asiatischen Denker behandelte bereits das Kap. I dieses Buches, so daß sich an dieser Stelle eine Untersuchung des abendländischen Denkens anschließen soll.
Schon die Orphiker (um 800 v. Chr.) sahen in der Seele eine gottentsprossene Wesenheit, die, in die Materie gefallen, nach vielfältigen Erdenwanderungen wieder befreit in ihre göttliche Heimat heimkehren sollte. Als beseelt galt den Orphikern auch das Tier, was zu ihrer Forderung einer vegetarischen Lebensweise führte. (64)
Der Mystiker und Seher Empedokles (ca. 435-395) ging davon aus, *„daß es für die Seelen, die gesündigt haben, Gesetz sei, in das Diesseits zu fallen“*, und er behauptete, *„daß er selber, von Gott verbannt, hierher gekommen wäre.“* (65) So wird in einem Fragment sein Ausspruch überliefert: *„Ich war ja einst schon Knabe, Mädchen, Strauch, Vogel und aus dem Meer emporgetauchter stummer Fisch.“* (66) Für Empedokles war die ganze Natur beseelt und im Aufstieg zum Göttlichen begriffen. So war er auch ein vehementer Verfechter einer vegetarischen Lebensweise:

---

64) Vgl. W. Capelle, Die Vorsokratiker, Stuttgart 1968, S.31 f.
65) ebd. S.242
66) ebd. S.243

„Wehe mir, daß mich nicht vorher ein erbarmungsloser Tag sterben ließ, bevor ich den grausamen Gedanken faßte, meine Lippen an gräßlichem Fraße zu weiden.“ (67)
Nicht eindeutig zu klären ist die Frage, ob Empedokles die sich wiederverkörpernde Seele nach einer menschlichen Inkarnation wieder ins Tierreich absinken ließ, wie dies seinem berühmten „Vorgänger“ Pythagoras unterstellt wurde.
Pythagoras (ca. 570-496), dessen Bedeutung für das Abendland kaum zu hoch angesetzt werden kann, war ein entschiedener Verfechter des Wiederverkörperungsgedankens. Von allen seinen Lehren ist diese am sichersten dokumentiert. Xenophanes überliefert die inzwischen berühmt gewordene Begebenheit, als Pythagoras an einem Hund vorübergegangen sei, der gerade geschlagen wurde und daraufhin gesprochen habe: *„Hör' auf und schlag' (das Tier) nicht! Es ist ja die Seele eines befreundeten Mannes, die ich wiedererkannte, als ich das Winseln hörte.“*(68)
Ob diese Seelenwanderungslehre im wörtlichen Sinne zu verstehen ist oder als Hinweis für die Bindung einer Seele an ein Tier ist umstritten. Der Platonismus der Kaiserzeit sah die zweite Möglichkeit als gewährleistet an. Da auch verschiedene esoterische Überlieferungen die Annahme stützen, wonach eine äußerst negative Wesenheit an ein Tier gebunden werden kann (zumindest für einige Zeit), spricht eine gewisse Wahrscheinlichkeit für die Annahme, Pythagoras habe dies ausdrücken wollen.
Sicher dokumentiert ist die hohe Ethik der Pythagoräer, die in einer unbedingten Achtung allen Lebens zum Ausdruck kommt.
Platon, auf dessen Schultern die Philosophie des Abendlandes steht, bekannte sich in mehreren seiner Werke zur Lehre von der Wiedereinkörperung, wobei allerdings auch bei ihm, wie schon bei Empedokles und Pythagoras, unklar bleibt, ob die Seele auch in Tiere wiederverkörpert werden kann. (69) Bemerkens-

---

67) ebd. S.246
68) ebd. S.100 f.
69) Vgl. Phaidros 248c ff./Timaios 42b ff. u. 90e/Staat 614 ff.

wert bei Platon ist die Hervorhebung des Vergeltungsgedankens, in dem Anklänge an die Karma-Vorstellung aufzufinden sind. *„Die Schuld trägt der Wählende. Der Gott ist ohne Schuld."* (70) Interessant wäre es, in diesem Zusammenhang die Funktion des platonischen Dämons zu untersuchen, der in einer Weise geschildert wird, wie sie den „Herren des Karma" entspricht.

Die Kontroverse um die Verkörperung in Tiere, die die platonische Lehre auslöste, beendete Porphyrios mit der Aussage, die Wiedergeburt eines Menschen als Esel meine die Wiedergeburt als eselhafter Mensch. (71)

Der geniale Exeget der platonischen Philosophie und bedeutendste Denker des Neuplatonismus, der Alexandriner Plotin (204-270), entwickelt in seinen von Porphyrios herausgegebenen Enneaden die durchdachtesten Lehren von Reinkarnation und Karma. Für Plotin steht fest, *„die Seelen aber wechseln ihre Leiber und gehen in immer neue Gestalten ein ."* (72) Die Seele bleibt als unzerstörbare Individualität erhalten (ganz platonisch) und kehrt in einen neuen Körper zurück, um die Früchte eines früheren Lebens zu ernten. Jedes Leben ist das Resultat der vorhergegangenen, denn *„man muß auch die Rechnung bis zu den früher gelebten Leben zurückverfolgen, denn von dorther rühren die Folgewirkungen."* (73)

Das Bekenntnis Plotins zur ausgleichenden Wirkung des Karma ist unmißverständlich: *„Wer ungerecht getötet habe, werde wieder getötet, gewiß für den Täter ein Unrecht, dem aber dem es widerfährt, zu Recht, und zwar geschehe dies so, daß der, welchem es widerfahren soll, zusammengeführt wird mit einem, der geeig-*

70) Staat 617e
71) Vgl. H. Dörrie, Kontroversen um die Seelenwanderung im kaiserzeitlichen Platonismus, in : Hermes 85/1957
72) Enn. III, 2, 4 (ed.,Beutler/Theiler, Plotins Schriften, Hamburg 1956 ff.)
73) Enn. III, 3, 4

net ist, zu vollführen, was jenem zu Erleiden bestimmt ist... was er jetzt erleiden muß, hat er einst selber verübt;..."(74)
Von entscheidener Bedeutung ist hier das doppelte Bekenntnis Plotins zur menschlichen Freiheit. Der Täter handelt aus freier Entscheidung, indem er ein Unrecht (Mord, Diebstahl etc.) begeht. Dem Opfer geschieht aber trotzdem kein Unrecht, es ist nicht Objekt der Willkür, die seine Freiheit beschneidet, sondern dem Opfer geschieht nach jenen Notwendigkeiten, die seine freie Entscheidung in einem früheren Leben initiierte. Über allem wacht die „Ordnung des Alls", die verstanden werden kann als göttliche Weltregierung oder auch als spirituelle Wesenheiten, deren geistige Reife weit über jener der Menschen liegt und denen die Aufsicht über die gerechte Entwicklung der Erde unterstellt ist. Über den Fortgang des karmischen Prozesses entscheiden – nach Plotin – daher allein die Menschen. In der willentlichen Zuwendung zum Guten (Idee des Guten = Gott) wird der negative karmische Prozeß unterbrochen, die Seele reinigt sich (katharsis) und kehrt letztlich zu Gott zurück.
Mit Plotin wurde bereits ein Denker der nachchristlichen Epoche behandelt. Es wäre im Zusammenhang mit der Wiederverkörperungslehre noch auf weitere einzugehen, so etwa auf Albinos, Porphyrios, Jamblichus, Proklos u.a., doch ließen sich dadurch für die griechische Philosophie keine neuen Akzente setzten.
Mit dem Niedergang des Platonismus bzw. Neuplatonismus und der mehr und mehr Einfluß gewinnenden christlichen Theologie, fiel die Reinkarnationslehre im Abendland der Vergessenheit anheim. Auch der „christliche Platonismus" übernahm diese Anschauung nicht in seine vielfältigen Systeme. Erst im

74) Enn. III, 2, 13 (Über die Einkörperung der Seele in Tierkörper vgl. Enn. III, 4, 2 und Enn. VI, 7, 6)

16. Jahrhundert läßt sich wieder ein Philosoph von Rang ausmachen, der sich offen zur Wiederverkörperungsidee bekannte. Sein Ende war schrecklich. Im Jahre 1600 wurde Giordano Bruno in Rom als Ketzer verbrannt. Doch scheint es, als sei geradezu ein philosophischer Zündsatz von seinem Denken ausgegangen, denn von nun an finden wir die Lehre der mehrfachen Erdenleben immer wieder, vertreten meistens von den begabtesten Köpfen der jeweiligen Epoche. (75)

Im Jahre 1780 veröffentlichte Lessing seine kleine Schrift über „Die Erziehung des Menschengeschlechts“. Dort äußerte er in den §94 und 98: *„Aber warum könnte jeder einzelne Mensch auch nicht mehr als einmal auf dieser Welt gewesen sein?“* – *„Warum sollte ich nicht so oft wiederkommen, als ich neue Kenntnisse, neue Fertigkeiten zu erlangen geschickt bin? Bringe ich auf einmal so viel weg, daß es der Mühe wiederzukommen etwa nicht lohnet?“*

Selbst der kritische Aufklärer Kant stellte in seiner „Allgemeinen Naturgeschichte“ die Vermutung auf, die Seele könne auf anderen Erden oder fernen Planeten erneut in die Inkarnation treten. *„Sollte die unsterbliche Seele wohl in der ganzen Unendlichkeit ihrer künftigen Dauer, die das Grab selber nicht unterbricht, sondern nur verändert, an diesen Punkt des Weltraumes, an unsere Erde, jederzeit geheftet bleiben? ... Wer weiß, ist es ihr nicht zugedacht, daß sie dereinst jene entfernten Kugeln des Weltgebäudes und die Trefflichkeit ihrer Anstalten, die schon von weitem ihre Neugierde reizen, von nahem soll kennenlernen?“* (76)

Kant griff möglicherweise der Evolution etwas vor, denn, wie Lessing so treffend bemerkte, ist es der Seele offenbar beschieden, noch einige Fertigkeiten auf diesem Planeten zu erwerben, bevor sie zur Wanderschaft durch den Sternenkreis aufbricht.

---

75) Vgl. Emil Bock, Wiederholte Erdenleben, Stuttgart 1975[6]
76) I. Kant, Allgemeine Naturgeschichte und Theorie des Himmels, Bd. 1, Preuss. Akademie d. Wiss., 1755, S.366

In der deutschen Romantik begegnet der Wiedergeburtsgedanke dem aufmerksamen Leser in verschiedenstem Gewande, in philosophischer Hinsicht vor allem bei Friedrich Schlegel. Bemerkenswert in diesem Zusammenhang ist der Umstand, daß die Gebrüder Schlegel auch die ersten waren, die eine wissenschaftliche Beschäftigung mit der indischen Weisheit initiierten. Stärker als in der philosophischen Diskussion spiegelt allerdings die Dichtung dieser Epoche die Auseinandersetzung mit der Reinkarnationsidee wider.
Mit dem heraufdämmernden Materialismus des Industriezeitalters, der erstaunlicherweise besonders die Philosophie erfaßte, tradiert sich die Idee der Wiedergeburt in neuen Bahnen. Mit der Gründung der Theosophischen Gesellschaft (1875) tritt eine bis dahin verborgen gebliebene „esoterische" Überlieferung in die Öffentlichkeit, die sie von nun an in immer stärkerem Maße prägen sollte. Nicht mehr die Philosophen der Universitäten, von Ausnahmen abgesehen, sind die Hüter des Wissens von der Unsterblichkeit und Wiedergeburt, sondern die spirituellen Lehrer der Neuzeit suchen neue Wege, offenbaren ihre Botschaften denen, „die Ohren haben zu hören". Aus den Philosophen der Vergangenheit werden im 20. Jahrhundert „Botschafter des Lichtes", die Zeugnis ablegen vom Weg der Seele durch die Zeiten und Welten und künden von ihrer herrlichen Zukunft. (77)

77) Vgl. Peter Michel, Die Botschafter des Lichtes Bd. 1+2, Forstinning 1983 ff.

III. Kapitel

Reinkarnation und Karma in der Weltliteratur

Es dürfte niemanden geben, dessen literarische Sachkenntnis umfangreich genug wäre, um auch nur annähernd alle Autoren zu nennen, deren literarische Werke Hinweise auf die Reinkarnationslehre enthalten. Einige der großen Dichter deuten ihre Sympathie nur sachte an, verhüllt in lyrische Schleier, andere bekennen sich zur Wiedergeburtslehre mit deutlichen, unmißverständlichen Worten. Da es wenig belangreich und auch nur von geringer Aussagekraft für den Leser ist, eine enzyklopädische Übersicht zu liefern, von Shakespeare zu Milton und von Shelley zu Emerson, mag ein kleiner aber aufschlußreicher Streifzug durch die Welt der Literatur hier genügen.

Es verdient festgehalten zu werden, daß gerade die deutsche Literatur eine Fülle an Zeugnissen bietet, die als positive Bekenntnisse zur Wiedergeburtslehre gewertet werden können. (78) Der Deutschen größte Dichter – Schiller und Goethe – bekannten sich zu ihr. Schiller eher lyrisch-verhalten, Goethe direkter und philosophischer. In seinem Zyklus „An Laura" veröffentlichte Schiller das Gedicht „Das Geheimnis der Reminiszenz":

Waren unsre Wesen schon verflochten?
War es darum, daß die Herzen pochten?
Waren wir im Strahl erlosch'ner Sonnen,
In den Tagen lang verrauchter Wonnen,
Schon in Eins zerronnen?

Ja, wir waren's – Innig mir verbunden
Warst du in Äonen, die verschwunden;
Meine Muse sah es auf der trüben
Tafel der Vergangenheit geschrieben:
Eins mit deinem Lieben.

Hier finden wir ein klassisches Beispiel für das poetische Herantasten an und seelische Einfühlen in eines der großen Menschheitsgesetze.

Goethe bekannte sich mehrfach zur Reinkarnationslehre. (79) Er sprach mit Freunden darüber, verkleidete den Gedanken in dichterischer Form und äußerte sich zur Seelenwanderschaft und zum Wiedererkennen (Platons „anamnesis"!) in einem Brief an Wieland: *„Ich kann mir die Bedeutsamkeit – die Macht, die diese Frau über mich hat, anders nicht erklären als durch die Seelenwanderung. – Ja, wir waren einst Mann und Weib! – Nun wissen wir von uns – verhüllt, im Geisterduft. – Ich habe keinen Namen für uns – die Vergangenheit – die Zukunft – das All."* (80)

Romantisch verklärt wird die Wiedergeburtsidee bei Novalis. Wenn im „Heinrich von Ofterdingen" die Erinnerungen an das „Goldene Zeitalter" beschworen werden, so vermeint man des Dichters eigene Erinnerungen aus der Tiefe seiner Seele zu vernehmen. Im zweiten Teil des Ofterdingen spricht der Dichter sein „Geheimnis" unverhüllter aus: *„Woher kennst du mich?" „O, von alten Zeiten; auch erzählte mir meine ehemalige Mutter zeither immer von dir?" „Hast du noch eine Mutter?" „Ja, aber es ist eigentlich dieselbe." „Wie hieß sie?" „Maria." „Wer war dein Vater?" „Der Graf von Hohenzollern." „Den kenn ich auch." „Wohl mußt du ihn kennen, denn er ist auch dein Vater."*

---

78) Vgl. die ausgezeichnete Sammlung von Emil Bock, Wiederh. Erdenleben, a.a.O., S.28 ff.
79) Bock, S.57 ff.
80) ebd., S.60

„Ich habe ja meinen Vater in Eisenach?“ „Du hast mehr Eltern.“ „Wo gehn wir denn hin?“ „Immer nach Hause.“ (81)
Voller Tiefe und ahnend um das Mysterium der Unendlichkeit des Geistes verkündet Novalis in seinen „Vermischten Bemerkungen“ (Blütenstaub) :*„Die Phantasie setzt die künftige Welt entweder in die Höhe oder in die Tiefe, oder in der Metempsychose, zu uns. Wir träumen von Reisen durch das Weltall – ist denn das Weltall nicht* in uns? *Die Tiefen unsers Geistes kennen wir nicht – nach innen geht der geheimnisvolle Weg. In uns, oder nirgends ist die Ewigkeit mit ihren Welten – die Vergangenheit und Zukunft.“* (82) Noch deutlicher wird Novalis in einigen seiner Fragmente: *„Wer hier nicht zur Vollendung gelangt, gelangt vielleicht drüben, oder muß eine abermalige irdische Laufbahn beginnen.“* (83) Es spricht anläßlich der großen Lebensfragen meistens der Dichter Novalis, selten der Philosoph Friedrich von Hardenberg; und über allem liegt ein Hauch pansophischer Verzauberung der Welt durch die Romantik.
Das 20. Jahrhundert schenkte der Welt große Dichtungen. Nicht alle fanden die Anerkennung einer breiten Öffentlichkeit, manche verschwanden leider viel zu schnell in der Vergessenheit. Auch für einige der Literaturnobelpreisträger trifft dies zu.
1923 erhielt W. B. Yeats den Preis. Der große irische Poet wurde stark von der Theosophie Helena P. Blavatskys beeinflußt und war von der Reinkarnation überzeugt.

---

81) Novalis Werke, hrsg. v. Gerhard Schulz, München 1969, S.267
82) ebd., S.326
83) Fragmente 1769 (Kamnitzer)
Vgl. zur Reinkarnationsidee in Klassik und Romantik auch Ernst Benz, Die Reinkarnationslehre in Dichtung und Philosophie der deutschen Klassik und Romantik, in : Imago Mundi, Fortleben nach dem Tode, Innsbruck 1980, S.317 ff.

Gar viele Zeiten lebt der Mensch und stirbt
Zwischen den beiden Ewigkeiten,
Der Nationen und der Seelen
(84)

Zehn Jahre zuvor hatte die schwedische Akademie mit dem Literaturnobelpreis den indischen Dichterphilosophen Rabindranath Tagore für sein „Gitanjali" geehrt. Im 72. Gesang kündet er von der verborgenen Führung Gottes durch die Zeiten:

Tage kommen und Jahrtausende vergehen,
Und immer ist es Er, der mich bewegt
In vielen Namen, vielen Masken, in vielen Strömen
Von Jubel und von Leid.
(85)

Unter den Nobelpreisträgern der jüngeren Zeit finden wir interessanterweise zwei jüdische Autoren, die beide vom Gedanken der Reinkarnation überzeugt waren. 1967 erhält Nelly Sachs den Preis für ihr lyrisches Werk. Immer wieder taucht der Wiedergeburtsgedanke in ihren Gedichten auf, häufig verbunden mit der Aufarbeitung des jüdischen Schicksals im Dritten Reich.

Sandkörner wir beide, dunkel vor Abschied,
und in das goldene Geheimnis der Geburten verloren,
Und vielleicht schon von kommenden Sternen,
Monden und Sonnen umloht.

(Fahrt ins Staublose 25)

---

84) Yeats, Under Ben Bulben (geschrieben drei Monate vor seinem Tod)
85) Tagore, Gitanjali (Sonderausgabe zur Nobelpreisverleihung, Zürich o.J., S.185) Vgl. auch Nilendra N. Bhanja, Das religiöse Weltbild bei R. Tagore, Gelnhausen 1964, S.64 ff.

So bin ich hinabgefahren
über meine Geburt hinaus
bis ich den früheren Tod traf

(Suche nach Lebenden 49)

Nun ja, wir sterben alle öfter als wir glauben.
Zuweilen erinnert man sich, wenn einer ein Lied pfeift.
In manchem Aug ist was zu lesen –

(Zeichen im Sand, 207)

Nells Sachs schöpfte zahlreiche Anregungen aus der jüdischen Mystik (86), wo ihr auch der Gedanke des „gilgul" begegnete. Diese kabbalistische Form des Wiedergeburtsgedankens faszinierte auch Isaac B. Singer, der 1978 den Literaturnobelpreis entgegennahm. Zur Idee des „gilgul" befragt bekannte Singer: *„Der Allmächtige erschuf uns nicht nur für eine Gelegenheit (Jahreszeit), um uns dann zum Sterben zu senden. Wir kommen zurück."* (87)
Die Dichter nähern sich der Wiedergeburtsidee auf schmalen Seelenpfanden. Aus der intuitiven Gewißheit eines nach innen hörenden Bewußtseins finden sie die Bestätigung ihrer Ahnungen. Seelenverwandtschaften, Liebesbeziehungen und alte Erinnerungsbilder, die aus Geistestiefen aufsteigen, lassen den Dichter ausrufen:

Heute geh ich. Komm ich wieder,
Singen wir ganz andre Lieder.
Wo so viel sich hoffen läßt,
Ist der Abschied ja ein Fest.

---

86) Vgl. P. Michel, Mystische und literarische Quellen in der Dichtung von N. Sachs, Diss. (Univ. Freiburg), Forstinning 1981
87) Jewish-American Examiner 12/1978

IV. Kapitel

Karma und Freiheit

Der fragende Geist des Menschen, konfrontiert mit seinem Schicksal, stellt unweigerlich die Frage nach dem *Warum*. Woher kommt die Begabung eines Mozart, oder warum ist das Nachbarskind Opfer des Contergan-Skandals geworden? Die Antwort der Karma-Lehre lautet – Auswirkungen von selbst geschaffenen Ursachen in der Vergangenheit. Das Auge des Sehers oder die intuitive Gewißheit zahlreicher Menschen bestätigen es, doch sie werfen eine neue Frage auf. Wann und wie entstand die erste Umdrehung des Rades der Wiedergeburt?
Wo entspringt das Karma-Gesetz? Ist es unvergänglich, gleichewig mit einer anfanglosen Welt, die nie vergehen wird? Urständet es in Gott, der es ins Leben rief am Morgen der Schöpfung? Begreifliche, menschlich allzu verständliche Fragen; doch vielleicht überschreiten sie eine Grenze, um die zu wissen hilfreich und Demut schenkend ist. *„Und ich, die ich von mir weiß, wie unwissend ich bin, die ich weiß, daß manche Äone dahingehen muß, ehe ich fähig sein werde, daran denken zu können, mich mit diesen tieferen Problemen und Rätseln zu beschäftigen, ich schätze manchmal die Unwissenheit des Fragenden nach den Fragen, die er fragt, hinsichtlich des Letzten Seins, und wenn er wissen will, was er den ersten Ursprung nennt, während ich weiß, daß er nicht einmal den tausendsten Teil des unmittelbaren Ursprungs dessen erfaßt hat, woraus er selbst entsprang.“* (88)

---

88) Annie Besant, Avataras, Hagen o.J., S.16

Menschliches Sein ist von seiner Anlage her rückbezogen auf den absoluten Ursprung, die eine Quelle. Ewig speist ihn diese mit dem Wasser des Lebens, und er verspürt ihre unbegreifliche Gegenwart. Vom Hauch Gottes erfüllt, erkennt der Mensch Geheimnis auf Geheimnis, immer weiterschreitend auf heiligem Pfad. So wird sich ihm einst auch in ganzer Klarheit das Mysterium vom Ursprung des Karma entschlüsseln, das verborgen in den Tiefen des Urgrundes ruht. So kann tiefstes Nachsinnen den Spuren des Karma nur folgen, bis es den Saum der Gottheit berührt.

„*Karma ist ein Aspekt des* Einen, *des Unnennbaren; Liebe ist ein anderer Aspekt davon. Wenn das Karma die Beziehungen der Unzahl von Atomen untereinander und zum Ganzen kontrolliert, so ist die Liebe die Bindung, die sie alle zu dem Einen zusammenfügt. Wer das Karma als Gesetz betrachtet und seinen Bruder als gesondert von sich selbst, versteht das Karma nicht. Es gibt nur* ein *Karma, obwohl jeder Teil des Ganzen die Wirkungen dessen erleidet, was der kleinste Teil verursacht hat. Das Leiden meines Bruders ist mein eigenes und meines ist seines, und „in meines Bruders Gesicht sehe ich mein eigenes unerwidertes Leiden". Von einem kranken Freund zu sagen: „es ist sein Karma" – was wahr ist – und zu behaupten, daß es deshalb nicht auch meines ist, heißt das Herz in die Eisengitter der Illusion zu sperren; und nicht das Gesetz ist kalt, sondern das Herz, das seinen Nachbarn so betrachtet."* (89) Das Bewußtsein von der Einheit allen Lebens wird dem Karma-Gedanken eine neue Dimension der Verantwortung verleihen.

Die Antwort auf die Frage nach dem *Ursprung* des Karma verbleibt im Geheimnis, nicht jedoch die Antwort auf die Frage nach der *Qualität* des Karma. Karma bedeutet nicht Determina-

---

89) C. Humphreys, Karma u. Wiedergeburt, a.a.O., S.69

tion! Karma bedeutet Handlung aus Kenntnis der Gesetzmäßigkeiten in der selbstbestimmten Freiheit der Eigenverantwortung! Es sei an dieser Stelle offengelassen, ob diese Voraussetzung an die menschliche Inkarnation gebunden ist, wie seitens des anthroposophischen Arztes O. J. Hartmann postuliert (90), oder schon auf eine geistige Existenz bezogen werden kann. Freiheit muß allerdings auch und gerade im Zusammenhang mit Karma von Willkür unterschieden werden. Freiheit ist immer abhängig von geistiger Reife. Der Mensch kann nur innerhalb der von Gott gegebenen Möglichkeit „frei" sein. Daher trifft Hartmann sicher eine richtige Feststellung, wenn er die Frage als sinnlos bezeichnet, *„ob der Mensch unfrei oder frei sei, weil er beides zugleich und jeweils in bestimmter Hinsicht ist."* (91) Je größer die Reife, desto größer die Freiheit. Derjenige Mensch, der sich in Einklang mit seinem göttlichen Seelenfunken befindet, wird wahrhaft aus der Freiheit Gottes leben. (92) Diese Freiheit wird in der Rückkehr zur eigenen Innerlichkeit gefunden, was schon Novalis in seinem „Heinrich von Ofterdingen" andeutete. Wer aus dem höheren Selbst heraus handelt, wird freier handeln als der von einer äußeren Instanz geprägte Mensch. *„Freiheit heißt, von innen bestimmt zu werden, gebunden sein, von außen bestimmt zu werden; der Wille ist frei, wenn das Selbst, das handeln will, seinen Beweggrund zum Wollen aus Quellen entnimmt, die in ihm selbst liegen und nicht durch ein Motiv veranlaßt wird, dessen Quelle außen entspringt."* (93)

---

90) Otto Hartmann, Der Mensch als Selbstgestalter seines Schicksals: „Erst durch das Medium seiner Verkörperung hindurch gelangt nämlich das menschliche Geistwesen zur Freiheit der Selbsterkenntnis und der Selbstgestaltung." Ffm. 1984[11], S.51

91) Hartmann, 181

92) Vgl. K. O. Schmidt, Das Abendländische Totenbuch Bd. 2, München 1978[5], S.299 „Am vollkommensten wird der seines Freiseins von innen her inne, der sich nicht nach den kurzsichtigen Begierden seines Ich richtet, sondern nach dem Willen seines innersten Selbst, der mit dem Willen hinter der Welt – dem göttlichen Willen – im Einklang steht."

93) A. Besant, Eine Studie über das Bewußtsein, Leipzig 1906, S.246

Diese Handlungsweise, aus freiheitlicher Verantwortung, bestimmt allein die karmische Gesetzmäßigkeit. Wollte man diese beschneiden und reduzieren zu einer Art Selbst-loser Weltgesetzlichkeit, so trifft diese Darstellung nicht das Wesen der Karma-Idee. (94)
Karma meint nicht Fatum. Der Mensch befindet sich nicht im *„Griff eines unvermeidlichen Geschickes“* sondern *„Wissen und Wollen – das ist das, was er braucht. Er muß wirklich wissen, daß Karma keine zermalmende, keine erdrückende Gewalt ist, sondern ein Zusammenfassen, ein Festsetzen von Verhältnissen und Bedingungen, aus welchen unabänderliche Resultate hervorgehen.“* (95) In diesem Zusammenhang muß daher Th. Dethlefsen entschieden widersprochen werden, wenn er – von keiner Traditon gestützt – behauptet: *„Der Mensch besitzt nur eine einzige Freiheit, nämlich zu glauben, er sei frei.“* (96) Die Willensfreiheit auf Wahlfreiheit zu reduzieren, wie Dethlefsen postuliert, heißt den Karma-Gedanken in seinem Wesen mißzuverstehen. Die Voraussetzungen sind im karmischen Prozeß geschaffen worden, wie sie der einzelne bewältigt und umgestaltet, liegt in seiner eigenen Freiheit. Zurecht mahnt daher K. O. Schmidt den suchenden Menschen: *„Daher keine Angst vor dem Karma! Was durch falsches Denken und Handeln einst und heute ausgelöst wurde, kann durch rechtes, positives, liebevolles Denken und Handeln wiedergutgemacht werden.*
Es gibt kein absolut unveränderliches Karma. Es ist, wie alles im Leben, ständigem Wechsel unterworfen. Und es liegt immer bei

---

94) Derartigen Irrtümer unterliegt C. A. Keller, wenn er schreibt: *„Genau genommen kann eigentlich niemand sagen: „Ich habe mein Unglück durch mein karman selbst verschuldet“; denn die das Unglück vielleicht verursachenden schlechten karman Faktoren haben ja, anfangslos, von jeher bestanden.“* (In : Hänggi, Reinkarnation, 14) Diese Argumentation geht völlig am Kern des Problems vorbei, da nicht die Karma-Faktoren, gleichermaßen als Art böses Virus, von Anfang an bestanden, sondern nur das Karma-Gesetz, dessen unfehlbarem Urteil alles Geschehen unterliegt.
95) A. Besant, Eine Studie über Karma, Düsseldorf 1929, S.21
96) Th. Dethlefsen, Das Erlebnis der Wiedergeburt, München 1979[3], S.200

uns, ob und wieweit dieser Wechsel und Wandel zum Besseren führt." (97)
Auch das von Dethlefsen proklamierte mögliche Vorherwissen der Zukunft („*das zukünftige Geschehen* ist *in Wirklichkeit bereits*") (98) bestreitet er, unter anderem mit dem Verweis auf die Experimente von Rochas, die zumindest gleiche Beachtung beanspruchen können wie Dethlefsens Rückführungsversuche. „*Dabei ist zu beachten, daß ein Großteil des gespürten oder geschauten künftigen Geschehens nur als* Möglichkeit *besteht, dessen Wirklichkeitswerdung davon abhängt, wie weit das Denken und Handeln des Einzelnen in der Gegenwart das aktiv werdende Schicksalsgut nach der positiven oder negativen Seite beeinflußt und wandelt....*
Das macht es verständlich, warum de Rochas *bei seinen Versuchen, seine Medien nicht nur rückschauend die Vergangenheit erkennen zu lassen, sondern sie im hypnotischen Schlaf auch zur* Vorschau *in die eigene Zukunft zu veranlassen, neben manchen Erfolgen auch* Mißerfolge *zu verzeichnen hatte.*" (99) Es kann nicht häufig genug hervorgehoben werden, daß die freiwillig erzeugten karmischen Rahmenbedingungen einer Inkarnation in diesem Erdenleben gestaltbar und veränderbar sind! Jeder Mensch konfrontiert alte Ursachen mit neuen Handlungen, „*er kann diesen alten Ursachen mit starken Gedanken der Liebe und des guten Willens entgegenwirken und auf diese Weise das sonst unvermeidliche Ereignis verhindern, welches seinerseits wiederum neue karmische Verwicklungen geschaffen hätte. Dergestalt kann er Kräfte, die aus der Vergangenheit wirken, dadurch aufheben, daß er ihnen entgegengesetzte und gleich starke Kräfte entgegenschickt, und „sein Karma durch Wissen verbrennt". In*

---

97) K. O. Schmidt, Ab. Totenbuch II, S. 343
98) Dethlefsen, Erlebnis d. Wiedergeburt, S.200
99) Schmidt, Totenbuch II, S.386

ähnlicher Weise kann er auch Karma auslöschen, das er erst in diesem Leben erzeugt hat und das sich erst im kommenden Leben auswirken würde." (100)
Die menschliche Freiheit kann, so wie sie das Karma-Gesetz zur Auswirkung bringt, es jederzeit modifizieren. Karma entsteht *aus* Freiheit und verwandelt sich *in* Freiheit.

---

100) A. Besant, Die Uralte Weisheit, Graz 1971[2], S.201 f.

V. Kapitel

Reinkarnation und Evolution

Die Entwicklung des Lebens und der Form vollzieht sich in unübersehbar langen Zeiträumen. Die esoterische Lehre kennt kosmische Weltentage und Nächte, deren Dauer menschliches Begreifen übersteigt. Schon die Entwicklung eines Sonnensystems, in seinen Unterteilungen von Weltperioden, Wurzelrassen u.a., erstreckt sich über gewaltige Zeitperioden. (101) Die Gottheit sendet Lebenswogen aus, die sich durch zahllose Manifestationen hindurch entwickeln, um so die potenziell in jedem Lebensfunken vibrierende göttliche Idee zur Offenbarung zu bringen. Die Menschheitsstufe bildet nur ein Durchgangsglied in einer Kette, die aus ferner Vergangenheit herüberführt in eine glorreiche Zukunft. Wenn die Evolutionsstufe Erde ihre Bestimmung erfüllt hat, *„wird der Zeitpunkt kommen, wo die Erde als Planet vergehen wird, wo sie zerschellt, zerstäubt und wo die Menschen in vergeistigtem Zustand zur nächsten Verkörperung auf einen anderen Planeten übergehen werden.“* (102)
Man könnte in diesem Zusammenhang von einer Reinkarnation der Menschheit sprechen. Reinkarnation stellt nicht nur ein irdisches Gesetz dar, vielmehr finden wir Wiedergeburt im Mikro- und im Makrokosmos. Von der Mikrobe hin zum Sternensystem manifestiert sich das LEBEN, um zu wachsen, zu reifen und weiterzuschreiten – stets eine höhere Oktave der Göttlichkeit offenbarend.

---

101) Vgl. zur Kosmologie C.W. Leadbeater, Ein Textbuch der Theosophie, Leipzig 1915, S.114 ff.
102) Rudolf Steiner, Themen aus dem Gesamtwerk Bd. 9, hrsg. von Clara Kreutzer, Stuttgart 1982, S.130

Gegenstand dieser Arbeit ist das Gesetz von Reinkarnation und Karma in seiner Auswirkung auf den Menschen, weshalb im Rahmen der nachstehenden Erörterung von Evolutionsmodellen eine Beschränkung auf die menschliche Lebensform vorgenommen wird. Um die Entwicklung des Lebewesens Mensch zu verstehen, darf nicht unbeachtet bleiben, daß es eine Evolution der Seele und eine Evolution der Form (des Körpers) gibt. (103) Der Lebensgeist (die Monade) durchwandert zahllose Formen, bis er, durch einen speziellen Akt der göttlichen Geistausgießung, zum Menschen aufsteigt. *„In der Innenschau wird deutlich, daß das Gesetz der Höherentwicklung vom Pflanzenreich bis ins Menschenreich und darüber hinaus gilt und daß jeder von uns alle Stufen durch die Jahrmillionen durchschritten hat. Das Wort des Dichters – Arno Holz – : „Sieben Billionen Jahre vor meiner Geburt war ich eine Schwertlilie. Meine Wurzeln saugten sich suchend um einen Stein ...“ ist mehr als nur ein poetisches Lebensgefühl.“* (104) Vom Augenblick der *bewußten Individualisierung* an kommt die Monade in Berührung mit dem Freiheitsaspekt. (105) Die geheimnisvolle Gnadengabe des freien Willens wird auch in der esoterischen Lehre in eher mythischen Bildern geschildert; doch herrscht Einheitlichkeit in der grundsätzlichen Beschreibung des Geschehens. *„Das neue Individuum bekam – notwendigerweise – die Macht, seinen eigenen Weg, seine*

---

103) Vgl. zu dieser sehr komplexen Thematik C. W. Leadbeater, Textbuch, S.121 ff. Sehr schön formuliert K. O. Schmidt zu diesem Geschehen: *„Denn von Dasein zu Dasein weitet sich der Umkreis des Bewußtseins und mehrt sich der Reichtum des Innern. Dabei erweist sich unsere Entwicklung keineswegs nur als Evolution vom Niederen zum Höheren, sondern zugleich als fortschreitende Offenbarung des Höheren im Niederen, so daß zwei Entfaltungsreihen sichtbar werden... So bedingen Evolution und Reinkarnation einander: die eine betrifft die Wandlung dessen, was von unten nach oben strebt und zielt auf zunehmende Vergeistigung der Materie; die andere betrifft die Wandlungen dessen, was sich von oben her ins 'Unten' einsenkt, gemeinsam mit ihm aufwärts strebt und auf Vergöttlichung des Geistes abzielt.“* Totenbuch II, 63 f.

104) K. O. Schmidt, Totenbuch, S.38

105) Vgl. dazu Allan Kardec. Das Buch der Geister, Freiburg 1977, S.113 ff.

eigene Aktivität zu wählen und zu lenken; ohne den freien Willen bliebe es ein Teil der Individualität Gottes. Das Gemüt, als ein aus Gott Hervorgegangenes, würde natürlich seine Gedanken erfüllen, solange es nicht anders gelenkt wird. Die Macht, dies zu tun – die Kraft des Gemüts anders zu lenken – ist, was der Mensch den freien Willen nennt. Der Träger dieses freien Willens ist die Seele. Die Seele begann mit dem ersten Ausdruck der Macht des freien Willens, durch die Kraft des Gemüts. Der erste Gedanke, den er hervorbrachte, die erste Abzweigung der Gemütskraft von ihrem normalen Weg, war der Anfang der Seele.“ (106)
Cayce unterscheidet, wie Leadbeater, eine Entwicklung der Seele von einer Entwicklung der Form und berührt in seinen – in Versenkung gesprochenen – Darlegungen die materialistische Evolutionstheorie. Allerdings kommt nach seiner Überzeugung der Entwicklungsimpuls für den Übergang vom Menschenaffen zum Menschen nicht aus einer unerklärlichen Ursache (Mutation etc.) im Affen, sondern es handelt sich um geistig-seelische Kräfte. *„Seelen stiegen auf diese Affen hernieder – sie blieben mehr über und um sie, als daß sie in sie hineingestiegen wären – und beeinflußten sie, ein neues Ziel zu verfolgen und das einfache Ziel, dem sie bisher nachgegangen waren, aufzugeben. Die Affen kamen von den Bäumen herab, legten Feuerstellen an, stellten Werkzeuge her, lebten in Gemeinschaften und begannen, miteinander zu kommunizieren. Recht bald – selbst nach menschlichen Zeitbegriffen – verloren sie ihr tierisches Aussehen und die Körperbehaarung und nahmen ein feineres, menschlicheres Benehmen und Verhalten an. All dies wurde von den Seelen bewirkt, die durch die Drüsen arbeiteten, bis der Körper der Affen eine Vergegenständlichung, eine materielle Entsprechung – in der dritten Dimension dieses Sonnensystems – der über ihm schwebenden Seele war. Dann senkte die Seele sich in den Körper, und die Erde*

106) Thomas Sugrue, Edgar Cayce, München 1981, S. 363

konnte einen neuen Bewohner begrüßen: den Menschen," (107). Diese Phase der Lebensentwicklung scheint sich unter besonderer Führung höherstehender Lebewesen vollzogen zu haben. (108) Im Verlauf der Entwicklung menschlichen Daseins bildeten sich, so der Theosoph C. W. Leadbeater, mehrere Methoden der Individualisierung heraus. Tiere, die den Bewußtseinsstatus ihrer Gruppenseele erreicht haben (d.h. gewissermaßen die Möglichkeit ihrer Gattung ausgeschöpft haben), kehren nicht mehr in diese zurück und bereiten sich auf den Übergang zu einer neuen Lebensform vor. *„Das ist aber nicht* jedem *Tier möglich, sondern nur mit solchen, deren Gehirn bis zu einem gewissen Grade entwickelt ist; behufs Erreichung dieser Entwicklung werden die Tiere gewöhnlich in enge Berührung mit Menschen gebracht. Deshalb ist die Individualisierung nur für Haustiere möglich und selbst unter diesen nur für ganz entwickelte Arten derselben."* (109) Von diesem Augenblick an wird der evolutive Prozeß durch eigenes, *bewußt gewolltes* Bemühen unterstützt – das karmische Gesetz gelangt zur Auswirkung! Der Mensch mag sich bemühen oder sich treiben lassen – er wird immer das Resultat seines Handelns verkörpern. Die scheinbare Ungleichheit auf Erden findet in diesem Geschehen ihre Erklärung. Auf Gott ausgerichtetes und im Einklang mit seinen Gesetzen geführtes Leben wird zu einer allmählichen Enthüllung des inneren Geistmenschen führen – ein Sohn Gottes, ein Christus, erscheint auf der Bühne des Lebens. Er (oder sie, eine Tochter Gottes) war kein besonders 'Bevorzugter' des Weltgeistes, sondern nur mit größerer Entschiedenheit und Anstrengung auf

---

107) ebd., S.367

108) Vgl. zur Entwicklung des Lebens allgemein: Michel, Die Botschafter des Lichtes Bd. 1, Forstinning 1983, Kap. 1 ff.

109) Leadbeater, Textbuch 36
Vgl. hierzu auch: Manly P. Hall, Reincarnation –The Cycle of Necessity, Los Angeles 1978[7], S.118 ff.

dem PFAD gewandelt. Hinzu mag kommen, daß sich göttliche Lebenswogen, irdisch-zeitlich betrachtet, zu unterschiedlichen Zeitpunkten der Geschichte manifestieren, so daß wir von jüngeren oder älteren Kindern Gottes sprechen können. Doch sie alle sind gleich vor der Allmacht und Alliebe des Absoluten.
Von wenigen Außenseitern abgesehen, kommen die bedeutenden Mystiker und Seher zu der Auffassung eines permanenten Aufstieges menschlichen Lebens. *„Deshalb werden auch seine* (des Menschen, d.V.) *Erlebnisse in der physischen Welt im allgemeinen auf einer um so höheren Stufe stehen, je öfter er sich verkörpert hat oder je größer seine Anstrengungen innerhalb seiner früheren Verkörperung gewesen sind. Dadurch wird die Pilgerfahrt durch die Verkörperung hindurch eine Aufwärtsentwicklung sein. Immer reicher wird der Schatz, der Schatz, den seine Erfahrungen in seinem Geiste ansammeln. Und damit tritt er immer reifer seiner Umwelt, seinem Schicksal entgegen. Das macht ihn immer mehr zum Herrn des Schicksals."* (110) Diese Überzeugung prägt auch die Lehren der bedeutendsten hinduistischen Autoren der Neuzeit (z.B. Aurobindo und Radhakrishnan). (111)
Unter den abendländischen Vertretern einer spirituellen Evolutionslehre ragt ein Name heraus – Pierre Teilhard de Chardin. Allerdings – er dachte nicht reinkarnatorisch. Dieser Aspekt seiner zweifelsohne faszinierenden Theo-Anthropologie stellt, wie von zahlreichen Autoren erkannt, den Schwachpunkt seines Systems dar. Wenn ständig neue Seelen in die Schöpfung eintreten,

---

110) Rudolf Steiner, Wiederverkörperung und Karma, Dornach 1987[2], S.45
Etwas skeptischer äußerte sich Steiner in einem Berliner Vortrag des Jahres 1913: *„Dadurch kann es geschehen, daß sich die folgende Erdenverkörperung als eine noch unvollkommenere darstellt, als eine noch herbere Schulung, als es die letzte war. Im großen und ganzen ist aber der Durchgang des Menschen durch die wiederholten Erdenleben doch ein Aufstieg."* In: Geisteswissenschaft als Lebensgut, Dornach 1959, S.166

111) Eine extreme Auffassung vertritt der Kabbalist Philip S. Berg, der selbst eine Reinkarnation in Steine für möglich hält. (Wheels of a Soul, a.a.O., S.49)

wie soll dann ein ethischer Fortschritt gewährleistet sein? Und welche Gerechtigkeit herrscht zwischen der Inkarnation im Buschmannmilieu der Steinzeit und der Geburt im Bildungsbürgertum des 20. Jahrhunderts? Hier muß sich Teilhard kritische Fragen gefallenlassen. „*Was interessiert, so darf und muß man fragen, den einzelnen, einmal lebenden Menschen, eigentlich die schönste Entwicklung der Menschheit, oder gar eine kosmische Evolution, an deren Früchten er nur dann teilhaben kann, wenn er zufällig dem letzten Menschenschub angehört, der als glücklicher Nutznießer aller vorhergegangenen die Stufe der Überpersönlichkeit besetzen und in den Vergeistigungshimmel eingehen wird? Welchen Sinn hat das ganze Entwicklungsprogramm der Gattung, die schließlich einzig in den Einzelexemplaren konkret existiert, nur in ihnen real da ist, lebt, leidet und sich abquält. Wie können sie, die einzelnen Menschen, einen sich über die Jahrtausende erstreckenden Individualisierungsprozeß, eine progressive Steigerung und Verfeinerung ihres Ich-Bewußtseins durchmachen, wie können sie, diese konkreten, jeweils einmal lebenden Einzelmenschen jenen Evolutionsweg von „Alpha“ bis „Omega“ durchmessen, da jeder von ihnen doch nur einen kurzen Weltaugenblick lang vorhanden ist – jedenfalls hier, auf dem notwendigen Schauplatz dieser Verwandlungswanderung?*“ (112) Gerade die christliche Theologie, die – gerechtfertigt – die Bedeutung des Individuums in den Vordergrund rückte, läßt dieses im evolutiven Prozeß nur eine zufällige, für das Ganze der Schöpfung unbedeutende Rolle spielen. Damit stellt sich zwangsläufig die Frage nach der Sinnhaftigkeit des *gesamten* Schöpfungsprozesses. „*Wenn jeder nach dem Tod, vorausgesetzt er hat ein einigermaßen gutes Leben gelebt, in den Genuß der gleichen Seligkeit kommt, ob nun vor 150 000 oder 2000 Jahren oder heute, warum dann überhaupt vom Fortschritt der Menschheit reden? Welchen*

112) Walter Abendroth, Reinkarnation, Ffm. 1987, S. 15

Sinn haben dann das menschliche Leben hier auf Erden und seine ganze Entwicklung? Der Neandertaler – dessen Seelenschicksal von der christlichen Theologie bisher kaum erörtert worden ist –, ein Thomas von Aquin und irgendein Erleuchteter der letzten Tage nehmen dann in einem solchen Himmel dieselbe Position ein, wenn auch vielleicht mit leichten Abstufungen (was eigentlich wieder ungerecht wäre, insbesondere wenn man an den Neandertaler denkt, der ja nie die Chance hatte, ein Thomas von Aquin oder Shankara zu werden). (113) Diesen Fragen gegenüber gerät die christliche Theologie hoffnungslos in die Defensive. Wenn das Erscheinen des Einzelmenschen in der Schöpfung losgelöst von einem evolutiven Prozeß dieses selben Wesens betrachtet wird, kann weder von einer Gerechtigkeit, noch von einer Chancengleichheit (Problem der Sünde!) und schon gar nicht von einer Sinnhaftigkeit gesprochen werden. Es bleibt einer schicksalhaften Willkür (im besten Falle dem berühmten unerforschlichen göttlichen Ratschluß) überlassen, wann der einzelne in die Welt eintritt. Ein Geworfener, ratlos in seinem Sein zum Tode. Welche trostlose Konzeption!

Die vorstehend skizzierte Evolutionslehre erhält durch Erfahrungsberichte aus der psychotherapeutischen Praxis bemerkenswerte Unterstützung. Es erscheint denkbar, daß im Erinnerungspotential des Menschen noch Erfahrungen abrufbar sind, die aus vor-menschlichen Lebenssphären stammen. So zitierte Werner F. Bonin anläßlich eines Vortrages während der Imago Mundi-Tagung „Fortleben nach dem Tode" den amerikanischen Therapeuten St. Grof, der bei zahllosen Patienten sogenannte *psychogenetische* oder *evolutionäre* Erfahrungen beobachtete. *„Die Erfahrungen muten seltsam an: Personen berichten, was sie als Hai beim Atmen durch die Kiemen erlebten oder schildern ihre Empfindungen als sexuell erregte Schildkröte. Dabei sind*

---

113) Hans Torwesten, Sind wir nur einmal auf Erden?, Freiburg 1983, S.24 f.

Verifizierungen schwierig; solange Schildkröte und Hai nicht das Erlebte bestätigen, müssen wir mit Anthropomorphisierungen rechnen, mit Projektionen vom Menschen auf Animalisches. Allerdings: Wo Personen zoologische Kenntnisse verraten, die ihnen eigentlich fremd sein dürften – nachprüfbare Details über Balztanz, Nestbau zum Beispiel – gibt das den Parapsychologen zu denken." (114) Die vorsichtige Bewertung ist sicher angebracht, gleichfalls allerdings die vorurteilsfreie Prüfung des Phänomens.

Der amerikanische Reinkarnationstherapeut Morris Netherton sieht sogar die Aufarbeitung von Traumata aus einer vormenschlichen Entwicklungsstufe als wesentlich für den Behandlungserfolg an. „*Wenn ich jemand nach der frühesten Ursache für ein bestimmtes Problem frage, beschreibt er fast immer die Verletzung oder den Tod eines Tieres. Die Ablösung des Patienten von einem Erlebnis als Tier erfolgt nach genau der gleichen Wiederholungsmethode, die ich auch bei menschlichen traumatischen Erfahrungen anwende. Die Tatsache, daß meine Patienten tierische Leben als die früheste Existenzebene beschreiben, die sie durchlaufen haben, wirft ein interessantes Licht auf die Frage der Evolution. Ich habe nie gehört, daß jemand von einem menschlichen zurück zu einem tierischen Leben gegangen wäre.*" (115) Die Rückführungsberichte stützen in zahllosen Beispielen den Aufstiegsgedanken. Aus archaischer Zeit, über Frühkulturen hin zur modernen Industriegesellschaft führt ein kontinuierlicher Aufstieg (116),

---

114) Werner F. Bonin, Reinkarnationserfahrung in der Transpersonalen Psychologie und unter Einfluß von Drogen, in: Imago Mundi, Fortleben, a.a.O., S.301 f. Vgl. auch einige interessante Erlebnisberichte bei Passian, Wiedergeburt, S.170 ff.

115) Morris Netherton, Bericht vom Leben vor dem Leben, München 1979, S.229 Vgl. auch die schon klassischen Fallbeispiele von Albert de Rochas, Die aufeinanderfolgenden Leben, Leipzig 1914, S.60 ff.

116) Gegen diese Idee spricht sich in eher kulturpessimistischer Weise Th. Dethlefsen aus: *„Wäre das Menschenreich ein geschlossenes Ganzes, so müßte, falls wir die Höherentwicklung anerkennen, die „Welt" immer besser werden, bis sie schließlich aus lauter vollkommenen Menschen besteht. Doch an der Welt wird sich so schnell nichts wesentlich ändern, was die Verteilung von Erkenntnis betrifft, denn sie stellt*

der sich interessanterweise auch statistisch signifikant durch einen Wechsel der Nationen anzeigt. So erhöht sich z.B. mit fortschreitender Geschichtszeit die Anzahl der Verkörperungen in Europa (in den Rückführungserlebnissen), während er in Afrika und Asien abnimmt. (117) Dieses Geschehen hängt vor allem damit zusammen, daß die fortgeschrittensten Seelen eine Rasse verlassen, wenn sie den Höhepunkt ihrer Bestimmung erreicht hat (Ägypten, Griechenland) und ein allmählicher Niedergang beginnt. Sie inkarnieren sich in einem neuen Kulturkreis, der weiterführende Entwicklungsmöglichkeiten bietet. (118)

Die suchende, lernende und reifende Menschenseele wandert durch die Zeiten und Kulturen. Niemand vermag wohl zu sagen, wann dieser Weg für die Erde abgeschlossen ist. Wenn in den Cayce-Readings für einige Fragesteller die Antwort gegeben wurde, sie könnten wählen, ob sie zurückkehren wollten oder nicht, so muß diese Aussage doch sehr sorgsam abgewogen werden. Eine genaue Studie jedes einzelnen Falles wäre erforderlich. (119) Fehl ginge jedoch eine Auffassung, die der Erde einen Status von „Strafkolonie" für Abgefallene oder Lernunwillige zumessen wollte. Unter den zahllosen Entwicklungsebenen des Lebens stellt die Erdensphäre eine unter vielen dar. Keine besondere – doch was wäre vor Gott *besonderer* als anderes? Umso eigenartiger erscheint die unausgesprochene Überzeugung mancher Christen, als sei die Seele Gott näher, wenn sie

---

nur einen Ausschnitt in der Entwicklung dar. Es ist ähnlich wie in der Schulklasse: Die dritte Volksschulklasse wird mit den Jahren nie gescheiter, denn die, die gelernt haben, verlassen sie, andere kommen nach." (Erlebnis d. Wiedergeburt, 213) – Es mag dahingestellt bleiben, ob das Niveau einer dritten Volksschulklasse des Jahres 1980 wirklich nur dem einer des Jahres 1480 entspricht.

117) Vgl. dazu: Helen S. Wambach, Seelenwanderung, München 1984², S.126 ff., und Glenn Willistone/Judith Johnstone, Soul Search, Wellingborough 1983, S.111

118) Vgl. Annie Besant, Wiederverkörperungslehre, Leipzig o.J., S.181 und R. Steiner, Okkulte Untersuchungen über das Leben zwischen Tod und Geburt, Dornach 1980³, S.33

119) Vgl. zu diesen Fällen: Violet M. Shelley, Reincarnation Unnecessary, Virginia 1982²

der Erde ferner wäre. *„Sind wir nur* bei *Gott, wenn wir* nicht *auf der Erde sind? Viele Christen werfen den Orientalen Weltflucht vor, aber wenn es zum Thema Reinkarnation kommt, scheint das für viele die größte Zumutung zu sein. „Gott wird unseren Vater oder unsere Großmutter oder uns selber schon erbarmungsvoll in sein Reich aufnehmen!" heißt es da; „er wird die Menschen doch nicht wieder zur Rückkehr auf die Erde zwingen wollen!" Das scheint selbst für diejenigen ein grauenhafter Gedanke zu sein, die ansonsten mit der Lehre einer ewigen Verdammnis in Frieden leben."* (120) Diese Erdenfeindlichkeit ist eng verknüpft mit der wahnhaften Entscheidungszeit-Vorstellung gerade etlicher Christen. Hier und heute (d.h. in diesem einmaligen Erdenleben) entscheide ich mich für oder wider Gott – in alle Ewigkeit. Welche unfaßbare Einengung der göttlichen Alliebe. Wie sollte der allgütige Gott der Liebe (christlicher Glaube!) den einzelnen, in einem Erdenleben irrenden Menschen (vielleicht im Elendsviertel Harlems oder Johannesburgs geboren), nach fünfzig oder siebzig Jahren der Erdenzeitlichkeit *für ewig* richten? Wer so denkt, vergißt seine Herkunft und die Verheißung seiner Zukunft, denn *„die ganze Ewigkeit gehört uns, den Kindern des Alls, für die diese Erde nicht die Mutter, sondern nur die Amme ist…"*. (121) Wir werden der Erde entwachsen, wenn wir ihr Evolutionspotential ausgeschöpft haben, um weiterzuschreiten zu neuen Sphären und *„niemand kann sagen, ob unser göttliches Selbst, jenseits des Kreislaufes der Wiederkehr, vor einem anderen, neuen Anfang steht, ob sich der Allschau des Vollendeten neue metakosmische Horizonte eröffnen. Nur eines ist uns gewiß:* Ein Mensch, ein Ewigkeits-Pilger schließt, ein Gott beginnt seinen Lauf."(122)

---

120) Torwesten, S.82
121) K. O. Schmidt, Totenbuch II, S.409
122) ebd., S.432

VI. KAPITEL

DER PROZESS DER WIEDERVERKÖRPERUNG

Die individuelle Unsterblichkeit wird einhellig von allen Mystikern, Visionären, Medien oder Thanatologen bejaht. Die physische Hülle, der Erdenkörper aus Fleisch und Blut, wird wie ein altes Gewand abgestreift, um die höheren Aspekte des Menschen in lichtere Welten zu entlassen. Das Leben in geistigen Reichen beginnt.

Die Forschungsergebnisse der modernen Thanatologie (Kübler-Ross, Moody, Sabom, Ring u.a.) haben eine Fülle überzeugenden Beweismateriales für die Annahme der Existenz eines nicht an den physischen Körper gebundenen *individuellen* Bewußtseins erbracht. (123) Die feinstofflichen Körper des Menschen ziehen sich aus der nicht länger verwendbaren physischen Hülle zurück und werden von jenen Seinsbereichen der Geisteswelt angezogen, die ihrem inneren Wesen entsprechen. Gleiches zieht Gleiches an – und eine strahlende Seele kann nicht an dunkle Astralsphären gebunden sein.

Die für den Menschen relevanten geistigen Reiche sind charakterisiert durch eine Fülle unterschiedlicher Schattierungen. Von der abstoßenden Finsternis der tiefsten Astralebene bis zu den strahlendsten Lichtwelten reicht das Spektrum, das den Men-

---

123) Vgl. zur Frage eines Weiterlebens nach dem Tod auch den umfassend informierenden Kongreßbericht der VII. Imago Mundi Tagung: „Fortleben nach dem Tode", a.a.O.

schen nach seinem Abschied von der Erde erwartet. Aus sporadischen und spontanen Schauungen dieser Sphären, dürften die Erzählungen von Himmel und Hölle, von Fegefeuer und Paradies entstanden sein. Die Phase des frühen nachtodlichen Daseins kann hier nicht ausführlich beschrieben werden, da die Erörterung der Vielfalt von Berichten, Schauungen und Botschaften über diese erste Stufe der jenseitigen Welten den Rahmen der vorliegenden Arbeit sprengen würde. (124) Ein Aspekt der thanatologischen Forschungsergebnisse verdient allerdings unsere besondere Aufmerksamkeit. Die in christlichen Kreisen so verbreitete Anschauung von einem 'richtenden Gott' findet in den Dokumenten der Sterbeforschung keinerlei Rückhalt. Nicht ein strafender Gott erwartet die zurückkehrende Seele, sondern die nunmehr körperfreie menschliche Wesenheit beurteilt selbst ihr vergangenes Leben. *„...jeder von uns muß etwas betrachten, das einer Fernsehmattscheibe sehr ähnlich sieht, auf der sich jede unserer irdischen Taten, Worte und Gedanken widerspiegeln. Hiermit wird uns Gelegenheit gegeben, selbst über uns anstelle eines gestrengen Gottes zu Gericht zu sitzen. Sie erschaffen sich schon durch ihre diesseitige Lebensführung Ihre jenseitige Hölle oder Ihren jenseitigen Himmel.“* (125) Diese geistige Wesenheit – und hier gibt es zwischen sämtlichen spirituellen

---

124) Vgl. dazu: Michel, Botschafter des Lichtes, I, 160 ff.

125) Elisabeth Kübler-Ross, Über den Tod und das Leben danach, Melsbach 1984, S.45 Vgl. auch die bemerkenswerten Untersuchungsergebnisse von Moody über die Begegnung mit einem jenseitigen Geistwesen, das den Überlieferungen über den Schutzengel sehr nahekommt. *„Von einigen Menschen wird das Ganze* (gemeint ist die Lebensrückschau, d. Verf.) *als erzieherische Bemühung durch das Lichtwesen betrachtet. Es habe sie, während die Bilder vor ihrem inneren Auge vorbeizogen, besonders auf die Bedeutung zweier Dinge im Leben hingewiesen: andere Menschen lieben zu lernen und Wissen zu erwerben.“* Raymond Moody, Leben nach dem Tod, Hamburg 1985, S.72 f.
Ähnlich auch die Schilderung Rudolf Steiners, die vor allem hinsichtlich der karmischen Verantwortung in einer jenseitigen Welt Beachtung verdient. Nach seinen Einsichten wird das vergangene Erdenleben nicht nur rückschauend beurteilt, sondern als gewissermaßen die Gegenseite erlebend *erfühlt. „Hat man ein Erlebnis mit einem anderen Menschen gehabt, sagen wir, einem Menschen Schmerz zugefügt, so gibt es schon ein geistiges Gegenbild in der physischen Welt, nur ist es nicht unser Er-*

Lehrern keinen Dissenz – besitzt keinen Leib im gebräuchlichen Sinne des Wortes. Die esoterische Lehre widerspricht unmißverständlich der kirchlichen Doktrin, die zudem von keiner Empirie gestützt wird, wonach der Mensch *„nicht nur einen Leib hat, sondern Leib ist.*"(126) Der Erdenkörper wird abgelegt, wie ein Gewand am Abend, und die Geistseele setzt ihren Weg in feinstofflicher Form fort.

Nach anthroposophischer Lehre sucht die Geistseele ihren Weg durch den Sternenkreis. *„Nachdem der Mensch sich verbreitet hat bis zur Sternensphäre hin, beginnt er sich wieder zusammenzuziehen. Er geht durch die Saturn-, Jupiter-, Mars-, Sonnen-, Venus-, Merkur-, Mondsphäre durch, wird immer kleiner und kleiner.*" (127) Als Bewußtseinsträger auf dieser Wanderschaft dient der Geistseele der sogenannte Kausalkörper. Er sammelt die Erfahrungen sämtlicher Inkarnationen und löst sich zwischen den Erdenleben nicht auf, wie dies mit dem Äther-, und Astral- und Mentalkörper geschieht. Im Kausalkörper des Menschen werden alle Elemente aufbewahrt, die von essentieller Bedeutung sind. Der Mensch nimmt sie *„wie eine Art Extrakt aus dem Lebens-Tableau mit in alle seine zukünftigen Inkarnationen, wenn er sich dessen auch nicht erinnern kann. Das,* was sich aus diesem Erinnerungsextrakt bildet, *nennt man konkret real den* Kausalleib." (128)

---

lebnis; es ist der Schmerz, den der andere erlebt. Bei uns war vielleicht die Ursache dieses Schmerzes sogar ein gewisses Wohlgefühl aus dem heraus, daß wir ihm den Schmerz bereitet haben. Rache oder irgend etwas, das hat uns erfüllt. Indem wir jetzt das Leben zurücklaufen, machen wir nicht unser Erlebnis durch, sondern sein Erlebnis, das, was er durch unsere Tat erlebt hat. Das gehört auch zum geistigen Gegenbild und ist eingeschrieben in die geistige Welt. Kurz, der Mensch erlebt auf geistige Art noch einmal seine Erlebnisse, zurückgehend von dem Tode bis zu der Geburt." Zit. in: Rudolf Steiner, Themen aus dem Gesamtwerk Bd. 15, Das Leben nach dem Tod, hrsg. v. Frank Teichmann, Stuttgart 1987, S.54 f.

126) Vgl. Hänggi, Reinkarnation S.98 f.

127) R. Steiner, Okkulte Untersuchungen über das Leben zwischen Tod und neuer Geburt, Dornach 1980[3], S.204

128) Max Hoffmeister, Die übersinnliche Vorbereitung der Inkarnation, Basel 1979, S.34

Die geistigen Energien, die dem Menschen in dieser Existenzform zur Verfügung stehen, nutzt er zum Aufbau seiner neuen Erdengestalt. Dabei finden sowohl die Erfahrungen der vergangenen Inkarnation als auch das Erleben in der geistigen Welt Berücksichtigung. Ob sich ein geistiges Wachstum in den inneren Welten vollzieht oder ob dieses nur in der Verkörperung möglich ist, wird gelegentlich kontrovers diskutiert, doch scheint es kaum vorstellbar, geistiges Reifen auf den physischen Plan begrenzen zu wollen. (129)
Wenn die Zeit des Aufenthaltes in den inneren Welten abgeschlossen ist, steigt die Geistseele allmählich aus feinstofflichen in dichtere Sphären hinab, um die Bausteine für einen neuen Erdenkörper zu sammeln. *„Der Mensch hatte den höheren Astralleib und die Früchte der verschiedenen Leben als Kausalleib mit sich ins Devachan genommen, und nun sammelt er eine neue „Astralmaterie" um sich herum. Es ist gleichsam, wie wenn herumgestreute Eisenspäne sich ordnen nach den Kräften eines Magnets. Je nach den inne wohnenden Kräften sammelt der Mensch die Astralmaterie um sich herum; bei einem guten Vorleben sammelt er anderes Material als bei einem schlechten."* (130) Die Zeiträume, nach irdischem Maß, für den Aufenthalt in der Geisteswelt hängen von der Dauer einer Inkarnation ab. Früh verstorbene Kinder, die nur wenige Erfahrungen zu verarbeiten haben, kehren relativ schnell wieder in eine neue Verkörperung zurück. (131) Eine generelle Regel wird sich kaum aufstellen lassen, da das Wissen um die Geheimnisse von Tod und Wiedergeburt noch viel zu gering ist. (132)

---

129 Vgl. Passian, Wiedergeburt S. 121
130) R. Steiner, Vor dem Tore der Theosophie, Dornach 1978³, S. 48
131) Vgl. Helen Wambach, Seelenwanderung, S.130
132) Interessant die Aussage von Rudolf Steiner: *„Wir kommen nicht herunter zu einer Inkarnation, bevor sich die Verhältnisse auf der Erde so weit verändert haben, daß sie fast keine Ähnlichkeit zeigen mit dem Leben in der vorherigen Inkarnation."* (Okk. Unters., S.34)

Die Vorbereitungen in der Geisteswelt für die Reinkarnation scheinen äußerst komplex zu sein. Je näher die Zeit für eine neue Verkörperung heranrückt, desto enger wird das Bewußtseinsfeld der Geistseele. Sie kehrt zurück aus den höchsten ihr zugänglichen Sphären, um die gesammelten Erfahrungen zu konzentrieren und in eine neue Form (Körper) einzugießen. *„Für die jetzige Gegenwart der Erdenzeit ist es ja so, daß der Mensch, indem er heruntersteigt aus der Sternensphäre, die Erinnerung an sein früheres Erdendasein hat und an diese Erinnerung anknüpft. Er bereitet sich selber in der Sternensphäre seinen physischen Leib vor und vereinigt sich dann, indem er heruntersteigt, mit diesem seinem physischen Leibe."* (133) Im Verlauf dieses Prozesses kristallisieren sich auch die karmischen Energien. Der Theosoph C. W. Leadbeater erschaute auf den feinstofflichen Plänen ein System von „Zellen und Kanälen", die energetisch mit dem jeweiligen Menschen verbunden sind und so die karmische Rückwirkung ermöglichen. *„Alle möglichen Arten von Kräften scheinen ihn* (den Menschen, d. Verf.) *zu umspielen, beeinflussen aber können sie ihn allein, indem sie durch die von ihm selbst in Bewegung gesetzten Energien auf ihn einwirken. Beständig vermehrt er diese Energie-Zentren oder -Kanäle und gibt dadurch der Möglichkeit, ihn zu erreichen, fortwährend eine andere Erscheinungsform. In dem Zusammenhang und Befassen mit allen diesen kaleidoskopartig sich verändernden Kräften, die ohne Ausnahme in ihr Werk eindringen, und ihre Aufgabe sorgfältig vollbringen, tritt die wunderbare und schier unglaubliche Anpassungsfähigkeit und Wandelbarkeit des Karma in Erscheinung."* (134) Bildlich verdeutlicht kann man sich das In-

---

133) R. Steiner, Geistige Zusammenhänge in der Gestaltung des menschlichen Organismus, Dornach 1976², S.174
Vgl. zur Vorbereitung auf die Inkarnation aus anthroposophischer Sicht auch: R. Steiner, Esoterische Betrachtungen karmischer Zusammenhänge, Bd.3, Dornach 1975⁶, S.46 und Das Geheimnis der Trinität, Dornach 1980², S.146
134) C.W. Leadbeater, Das innere Leben, Leipzig o.J., Bd.2, S.495

dividuum im Mittelpunkt von ins Unendliche reichenden konzentrischen Sphären vorstellen. Alle Gedanken, Taten und Worte senden einen Impuls in dieses System, um von dort unfehlbar auf den Aussender zurückzuwirken. *„Von welcher Sphäre er zurückgestrahlt wird, scheint abzuhängen von dem Charakter der Kraft, durch den selbstverständlich auch die Zeit seiner Rückkehr reguliert wird. Die Kraft, die aus einigen Handlungen entstand, berührt eine verhältnismäßig nahe liegende Sphäre und wird sehr rasch zurückreflektiert, während andere Kräfte fast bis ins Unendliche fortströmen und erst nach vielen Leben umkehren."* (135)
Die Neustrukturierung der karmischen Energien und die damit einhergehende Neubildung der vier 'niederen Bewußtseinsträger' (physischer, ätherischer, astraler und mentaler Körper) führen zum Umstand einer 'fehlenden' Erinnerung um das Vergangene in der neuen Inkarnation. Da diese Erinnerungen allein im Kausalkörper aufgespeichert sind, zu dem der Mensch im Alltagsbewußtsein keinen Zugang besitzt, kann dieses Phänomen den Sachkundigen nicht verwundern. Aus diesen Zusammenhängen einen *„Verlust zur Fähigkeit der Ich-Bildung"* (136) ableiten zu wollen, zeigt das völlige Unverständnis um geistige Zusammenhänge. Schon eine geringe Kenntnis Jungscher Psychologie könnte den kirchlichen Kritikern Aufklärung schenken, daß das Alltagsbewußtsein des Menschen nur einen Bruchteil seines wahren Seins ausmacht.

---

135) ebd., S.496
In nahezu gleicher Weise beschreibt der indische Mystiker Aurobindo das Reinkarnations-Geschehen. *„Selbst die Beseelung des Körpers durch das psychische Wesen folgt, wenn die okkulte Schau dieser Dinge korrekt ist, einem ähnlichen Vorgang. Denn die Seele zieht als Kern für das Geborenwerden die Elemente ihrer mentalen, vitalen und psychischen Umhüllung mit deren Inhalten an sich und fügt sie zusammen, weitet diese Formationen im Leben aus und läßt sie beim Weitergehen fallen; sie löst die Aggregate wieder auf und zieht ihre inneren Mächte in sich selbst zurück, bis sie in der Wiedergeburt den ursprünglichen Vorgang wiederholt."* (Göttl. Leben I, S.213)
136) Vgl. Hänggi, a.a.O., S.106

Wenn der Zeitpunkt der neuen Geburt herannaht, wird die Geistseele zu einem entsprechenden Elternpaar hingezogen, das den geeigneten physischen Träger (nach Steiner physischer und ätherischer Körper) zur Verfügung stellen kann. *„Das Urbild eines neuen Lebens wird immer bestimmter und bestimmter, und das macht, daß der Mensch durch die Kräfte, die in ihn selbst gelegt werden, sich hinuntergetrieben fühlt zum physischen Erdenleben, in der Weise sich hinuntergetrieben fühlt, welches ihm die körperliche Hülle geben kann, die dem in der geistigen Welt geschaffenen Urbilde seines kommenden Erdenlebens am meisten entsprechen kann."* (137) Steiner geht sogar davon aus, daß bereits vor einer physischen Befruchtung das herabsteigende Individuum die zukünftigen Eltern umgibt. (138) Über dem Geschehen wachen die „Herren des Karma", hochentwickelte Wesenheiten, die den gesamten karmischen Hintergrund eines Individuums überschauen. (139) Sie gestalten den neuen Körper mit, sowohl in den inneren wie auch in den physischen Welten. Unmittelbar vor der Inkarnation sind sie es, die dem Menschen eine Vorausschau auf sein kommendes Erdenleben eröffnen. (140) *„Wie unmittelbar nach dem Tode die Rückerinnerung an das vergangene Leben gleich einem Tableau vor die Seele tritt, so ist unmittelbar vor der Einkörperung eine Art Vorgesicht auf das kommende Leben vorhanden. Man sieht nicht alle Einzelheiten, aber in großen Umrissen alle Verhältnisse im kommenden Leben vor sich."* (141) Die Zeit des Abschieds von der Himmelswelt ist

---

137) R. Steiner, Geisteswissenschaft als Lebensgut, a.a.O., S.348 Vgl. auch Steiners „Geheimwissenschaft im Umriß", Dornach 1976², S.88 f.

138) *„Vor der physischen Befruchtung, da beginnt schon das zu wirken, was aus der geistigen Welt heruntersteigt; das Zusammengeführtwerden von Mann und Frau wird von der geistigen Welt mitbestimmt."* (Das Prinzip der spirituellen Ökonomie im Zusammenhang mit Wiederverkörperungsfragen, Dornach 1979², S.201)

139) Vgl. dazu auch Hoffmeister, Die übers. Vorber. d. Inkarn., a.a.O., S.82

140) Die Kabbala spricht vom *„Engel, der die Himmelsaugen schließt."*

141) R. Steiner, Vor d. Tore d. Theosophie, S. 49

gekommen, das Tor öffnet sich zum Hinabsteigen in ein neues Erdenleben.

Das sich erneut verkörpernde Individuum tritt nicht unmittelbar nach der Empfängnis in die neue Körperhülle ein, sondern leitet den Aufbau seines zukünftigen Erdengewandes gewissermaßen 'von außen'. (142) Nach anthroposophischer Ansicht vollzieht sich die Verbindung von Ätherkörper und physischem Körper in der dritten Woche; der Astralkörper greift erst im siebenten Schwangerschaftsmonat in die embryonale Entwicklung ein. (143) Trotzdem umgibt die zur Erde hinabsteigende Wesenheit offensichtlich die zukünftigen Eltern, wofür zahlreiche Erlebnisberichte – ähnlich dem nachstehenden – Zeugnis ablegen.

„Auf einmal wurde ich wach, wir waren so zusammen, wie ich es zuvor noch nie erlebt hatte; – das wurde mir bewußt, bevor es geschah, hatte aber nichts mit einem Orgasmus zu tun. Und in dem Moment, in dem wir ganz und gar verschmolzen, sah ich mein Söhnchen, wie ich es vorher beschrieben habe. Während ich dieses schreibe, taucht vor allem die Erinnerung wieder auf an das sofort anwesende Bewußtsein von der Bedeutung des Bildes: ich sah buchstäblich, wie er im Moment zu uns kam. Es ist übrigens absolut sicher, daß die Konzeption damals stattgefunden hat; danach sind wir lange Zeit nicht zusammengewesen.“ (144)

Die Regressions-Psychologie mißt der Schwangerschaft außerordentliche Bedeutung zu. Mag auch noch keine vollständige In-karnation stattgefunden haben (145), so nimmt doch die herabsteigende Wesenheit die Eindrücke der Mutter und seine Reaktionen darauf wahr. *„Was in dieser Zeit an Ängsten, Schmer-*

---

142) Vgl. Hoffmeister, Vorbereitung S.74
143) Vgl. Guenther Wachsmuth, Reinkarnation, Dornach 1983², S.158 und S.166
144) Hugo S. Verbrugh, ...wiederkommen, Stuttgart 1982, S.26 f.
145) Vgl. zum Inkarnationsgeschehen die Ausführungen bei Kardec, Buch der Geister, a.a.O., S.130 ff.

zen und Abtreibungsversuchen vom Embryo miterlebt wird, glaubt wohl keiner, der es nicht selbst erfahren hat.“ (146)
Wenngleich die Auffassungen über den genauen Zeitpunkt des Eintretens in den Körper schwanken, was vielleicht gar nicht nach exakt gleichen Gesetzen sondern individuell verschieden verläuft, so herrscht doch Einhelligkeit der Auffassungen in einem wesentlichen Punkt. Eine Abtreibung ist nicht akzeptabel und *in jedem Fall* ein unerlaubter Eingriff in das Karma eines anderen Wesens. Die karmische Verantwortung wird für die Abtreibende – oder zur Abtreibung seitens eines Mannes Gezwungene – nicht unerheblich sein. Die Reinkarnation einer Geistseele wird durch diesen Eingriff behindert und verlangsamt. Dieses Geschehen wird zwar mit dem Gesamtkarma des die Abtreibung erleidenden Wesens ausgeglichen, doch selbstverständlich entbindet dies nicht die Abtreibende.
Die ausführlichste und bewegendste Beschreibung eines Reinkarnationsvorganges findet sich in dem Werk „The Miracle of Birth“ des Theosophen Geoffrey Hodson. (147) In beeindruckender Weise schildert er aus seiner Schau heraus den Aufbau der neuen Körperstruktur, die Ausformung der Chakras, die Einfaltung karmischer Muster und das Wirken der Engelshierarchie. Der wundervolle neue menschliche Organismus wird geformt, nach göttlicher Weisheit und vollendeter Gerechtigkeit, bis am Ende dieses Prozesses eine Lichtform der *Weltenmutter* und ein Engel die Mutter bei der Geburt umhüllt – und eine neue Erdenwanderung für eine zurückgekehrte Geistseele beginnen kann.

---

146) Dethlefsen, Schicksal als Chance, Gütersloh 1979, S.222
Vgl. zu dieser Problematik auch: Williston/Johnstone, Soul Search S.194 ff. / Joan Grant & Denys Kelsey, Wiedergeburt und Heilung, Zug (CH) 1975, S.57 / Sugrue, E. Cayce, S.374 / Netherton & Shiffrin, Bericht S.152 ff.

147) G. Hodson, The Miracle of Birth, Wheaton 1981. Eine teilweise Übersetzung dieses bisher nicht in deutscher Sprache erschienenen Werkes findet sich in der Zeitschrift „Der weiße Lotos“ 21/1987, S.10 ff.

VII. Kapitel

REINKARNATION ALS HISTORISCHE ERSCHEINUNG

(FALLBEISPIELE)

Die Veranschaulichung der Reinkarnationslehre anhand von historischen (d.h. prominenten) Beispielen ist sehr beliebt, da spektakulär. Für die Erhellung des Gesamtkomplexes kommt den Fallbeispielen allerdings keine besondere Bedeutung zu. Eher sollte in diesem Feld Vorsicht walten, da Neugier und Eitelkeit im grauen Tarnkleid schnell herbeigeeilt sind. So wies Rudolf Steiner eine sich ihm freudig-strahlend nähernde 'Maria Magdalena' humorvoll aber doch zugleich ernsthaft ermahnend mit dem Hinweis zurecht, sie sei mittlerweile die vierundzwanzigste Maria Magdalena, die ihm bisher begegnet sei. Anhand dieser Episode wird deutlich, wie schnell Wunsch- und Auserwähltheitsdenken in Verblendung münden.

Unter Berücksichtigung dieser Vorbehalte sollen hier trotzdem einige historische Fallbeispiele herangezogen werden. Vor allem Rudolf Steiner unternahm umfangreiche Forschungen über die Inkarnationswege bedeutender Gestalten der Geschichte. Er sah allerdings keine *unbegrenzte* Rückschaumöglichkeit, sondern ging von der Einsehbarkeit von sieben Erdenleben (incl. des gegenwärtigen) aus, drei rückschauend und drei vorausschauend. (148)

---

148) R. Steiner, Menschheits-Entwicklung und Christus-Erkenntnis, Dornach 1976, S.99

Die nachstehenden Inkarnationsketten vermitteln einen repräsentativen Überblick zu Steiners "Karma-Betrachtungen":

	(früher)
Francis Bacon	(Harun al Raschid)
Charles Darwin	(Tarik, arabischer Feldherr im 8. Jh.)
Woodrow Wilson	(Muavija, einer der Nachfolger Mohammeds im 7. Jh.)
Ernst Haeckel	(Papst Gregor VII.)
Marx/Engels	(als Leibeigener (Marx) und unredlicher Gutsbesitzer (Engels) im 8./9. Jh.)
Hölderlin	(Frau im Italien der Renaissance; davor Angehöriger der platonischen Schule)
Kronprinz Rudolf von Österreich	(Nero; war kurz nach seiner Nero-Inkarnation wiederverkörpert als untergeordneter Befehlsempfänger, der auf Anweisung sinnlos zerstören mußte.)
Tycho de Brahe	(Herzeloyde, die Mutter Parsifals; davor Julian Apostata – inspirierte aus der Geisteswelt heraus Schelling
Karl. J. Schröer	(als Nonne Hroswitha im 10. Jh.; davor Platon)
Tobias G. Schröer	(Sokrates)
Novalis	(Raffael; Johannes; Elias)
Schiller	(Frau im 11. Jh.; davor Märtyrer in Rom zur Zeit der Auseinandersetzung des frühen Christentums mit dem römischen Kaiserreich)
Swedenborg	(Ignatius von Loyola)
Goethe	(Künstler im frühen Griechenland)
Faust	(Empedokles)

(149)

Die meisten dieser Inkarnationsketten lassen sich als sinnhafte Folgen nachvollziehen. Kaum vorstellbar ist dagegen Steiners Annahme, Platon und Sokrates (nach Jaspers einer der „maßgebenden Menschen"!) hätten sich als weitgehend unbedeutende Wiener Professoren im 19. Jahrhundert wiederverkörpert, von denen der eine (Platon) noch dazu dem Altersschwachsinn verfiel. Wo zeigte sich dort die Geistesgröße der griechischen Weisen?

Eine der Steinerschen Inkarnations-Studien soll hier noch gesondert erörtert werden, da sie aus dem Rahmen fällt und das karmische Gesetz im Hinblick auf extremes, fanatisches Verhalten erklärt. Es handelt sich um Nietzsche. Steiner beschreibt die grundsätzlichen Strukturen einer solchen Inkarnation, um dann fortzufahren, *„man kommt in ein Dasein Nietzsches, wo diese Individualität Franziskaner war, ein asketischer Franziskaner, der ganz intensiv Selbstpeinigung des Körpers trieb. Jetzt hat man das Rätsel. Da fällt der Blick auf einen Menschen im charakteristischen Franziskanergewand, der stundenlang vor dem Altar liegt, sich die Knie wundbetet durch das Rutschen auf den Knien, um Gnade flehend, der sich furchtbar kasteit. Durch den Schmerz, namentlich den selbst verursachten Schmerz, kommt man ja ganz stark mit seinem physischen Leib zusammen. Man wird den physischen Leib ganz besonders gewahr, wenn man Schmerz leidet, weil der astralische Leib nach dem schmerzenden Körper besonders stark sich sehnt, ihn durchdringen will. Dieses so viel Geben auf die Zubereitung des Körpers zum Heil in der einen Inkarnation, das wirkte so, daß die Seele nun gar nicht mehr sein wollte*

---

149) R. Steiner, Esoterische Betrachtungen karmischer Zusammenhänge, Bd.1-6, Dornach 1975[5] ff. Dort im einzelnen:
Bd. 1, S.166; 174 ff.; 205 ff.
Bd. 2, S.22; 43; 50 ff.; 80; 84 ff.; 212 ff.
Bd. 4, S.32 ff.; 101; 126; 156 ff.; 167 ff.
Bd. 5, S.167 f.
Bd. 6, S.128 f.; 280 ff.

im Körper in der nächsten Inkarnation.“(150) Jede Form von Maßlosigkeit bewirkt im kosmischen Gleichgewicht eine Disharmonie, die zu Leiden führt. Umgekehrt bewirkt die mühevolle Aneignung von Wissen eine karmische Voraussetzung, von der aus aufbauend Neues, Wegweisendes vom Menschen errungen werden kann. So schuf die Schülerschaft in einem altägyptischen Tempel und das Studium der ägyptischen Astrologie die Vorraussetzungen, um in einer neuen Inkarnation den Astronomen Kepler zu seinen Entdeckungen zu führen. (151) Auch Bande der Freundschaft bleiben über Zeit und Raum hinweg erhalten, wie die Wiedergeburt des hohen babylonischen Eingeweihten Eabani, dem Lehrer des Königs Gilgamesch, in den Gestalten des Aristoteles und Alexander dem Großen zeigt. (152) Steiner schrieb und lehrte ausführlich, auch mit Beispielen, über Reinkarnation. Es spricht für sein großes Verantwortungsgefühl, wenn er sich der zu seiner Zeit (wie auch gegenwärtig) grassierenden Reinkarnations-Hysterie radikal entzog. (153) Er wollte das Mysterium der Wiederverkörperung nicht zu einem schlechten Schauspiel verkommen lassen (hier ein Echnaton, dort eine Kleopatra), sondern in seiner ganzen Ernsthaftigkeit und wahrhaften Bedeutung gewürdigt wissen.

Die amerikanische Mystikerin Flower A. Newhouse veröffentlichte aufgrund ihrer Schauungen nachstehende historische Reinkarnationsfälle:

---

150) R. Steiner, Esot. Betrachtungen Bd. 1, 166 f.
151) Vgl. R. Steiner, Themen a. d. Gesamtw. 9, a.a.O., S. 48
152) Vgl. Hoffmeister, Inkarnation S. 104
153) Vgl. dazu Friedrich Rittelmeyer, Meine Lebensbegegnung mit Rudolf Steiner, Stuttgart 1980[9], S. 51 ff.

Albert Schweitzer	der Apostel Petrus
Franz v. Assisi	ebenfalls ein Apostel, aber nicht in der Bibel erwähnt
Elisabeth II.	Elisabeth I.
Abraham Lincoln	Epiktet
Roosevelt	Nero
Gen. Doug. McArthur	Cäsar
Paulus	Aristoteles
Benjamin Franklin	Sokrates

(154)

Der Gestalt des Sokrates wird hier eine andere weltgeschichtliche Rolle zugesprochen, die angemessener erscheint als Steiners Auffassung. Es gilt hier große Zurückhaltung walten zu lassen, zumal Steiner hinsichtlich des Dreigestirns Sokrates – Platon – Aristoteles selbst involviert war.

Ein interessantes Phänomen – historisch betrachtet – stellt die Möglichkeit einer Reinkarnation von Volksgruppen dar. So nimmt zum Beispiel die esoterische Lehre eine Reinkarnation Roms im England der Kolonialzeit an, d.h. in dieser Epoche kehrte eine Vielzahl von Seelen auf die Britische Insel zurück, die einst an hervorragender Stelle die Geschicke des römischen Imperiums gelenkt hatten. Die großen Griechen der Antike prägten die europäische Renaissance und der Geist Athens leuchtete in der Blütezeit von Paris erneut auf. (155)

Eine der interessantesten Veröffentlichungen zum Thema historischer Reinkarnationsbeispiele stellt die Arbeit der Engländerin Clarice Toyne dar. (156) Angeleitet von ihrem geistigen Lehrer versuchte sie den geschichtlichen Spuren einiger berühmter

154) Diese Aufstellung beruht auf z.T. nicht zur Veröffentlichung freigegebenen privaten Aufzeichnungen des Verfassers sowie auf Vortragsmitschnitten.

155) Vgl. dazu: James S. Perkins, Experiencing Reincarnation, Wheaton 1977, S.31 ff. und Hoffmeister, Inkarnation S.144 f.

156) C. Toyne, Heirs to Eternity, London 1976

Persönlichkeiten zu folgen. So fand sie verblüffende Parallelen zwischen *Blaise Pascal* und *Teilhard de Chardin* heraus (Toyne 73 ff.); stieß auf erstaunliche Ähnlichkeit zwischen *Hans Christian Andersen* und dem amerikanischen Filmschauspieler *Danny Kaye* und zeichnete die Linien nach, die *Le Grand Condè, Joseph II. von Österreich* und *General de Gaulle* verbinden. Diese Recherchen allein zeichnen ihr Buch aus, doch geradezu frappierend wirken die beigefügten Bildtafeln, in denen sie Büsten, Gemälde oder Photos von 'ihren' Reinkarnationen zusammenstellte, die kaum glaubliche Ähnlichkeiten aufweisen. Es scheint, daß die *uralte Lehre* treffend formulierte, wennn es in ihr heißt, der Seher erkennt das 'zeitlose Gesicht' unter allen Formen und Gewändern, in allen Epochen und Zeitaltern heraus.

Ein zweites bemerkenswertes Buch zum Thema Reinkarnation sei hier noch gestreift, die bereits zitierte Arbeit von James S. Perkins. Sein Erlebnisbericht stellt nicht nur ein herausragendes Dokument zum Phänomen der Reanimation dar, es enthält auch ein außergewöhnliches Kapitel über psychische Erlebnisse während der Zeit des Drittes Reiches, die Perkins zu der Überzeugung führten, Hitler sei in einer vorherigen Inkarnation der Gotenkönig Alarich gewesen. Auch die Frage eines speziellen 'deutschen Karmas' und Hitlers Rolle in diesem erhält einige nachdenkenswerte Antworten. (157)

Die Überprüfung der vorstehenden Darlegungen ist dem Leser wahrscheinlich nicht möglich. Dies ist auch nicht erforderlich. Der Sinn dieser Ausführungen besteht allein darin, anhand einiger ausgewählter Fallbeispiele Grundlinien für die Reinkarnation aufzuzeigen. Diese Beispiele mögen sich zum Teil als fehlerhaft erweisen, – keiner der Seher hat übrigens je Unfehlbarkeit beansprucht –, doch sie können Anhaltspunkte und Inspiration

---

157) Perkins S.33 f.

liefern. Zudem ist die Zeit inzwischen reif, um auch bisher 'Esoterisches' zu veröffentlichen. Wenn die Frage der Reinkarnation historischer Persönlichkeiten undogmatisch und offen diskutiert wird, kann dies nur hilfreich sein und zu erweiterten Einsichten führen.

VIII. KAPITEL

INDIVIDUALITÄT

Die Reinkarnationslehre kann ihre innere Logik nur dann unter Beweis stellen, wenn sie wahrhaft von der Wieder-Geburt eines klar definierten Wesens zu sprechen vermag. Bestünde zwischen der reinkarnierten Wesenheit (W = geb. 1950) und einer um den zeitlichen Faktor x (hier 450) zuvor bereits verkörperten anderen Wesenheit (W 1500) kein *essentieller* Bezug, entbehrte die Lehre der Wiedergeburt und des Karma jeder Grundlage. Der ägyptische Schreiber Ra-Hoteb aus dem Mittleren Reich, der römische Soldat Lucius, der mittelalterliche Mönch Br. Salvatus und der Gymnasiallehrer Hans Müller stellen auf der Persönlichkeitsebene Manifestationen der einen Geistseele dar. (158) Ra Hotep ist nicht im Sinne der Identität Hans Müller, da inzwischen 3300 Jahre vergangen sind – mit all den dazwischen gesammelten Erfahrungen – doch die Erfahrungen von Ra-Hoteb sind vollständig im geistig-seelischen Wesenskern von Hans Müller aufgehoben. (159)

Das physische Gehirn von Hans Müller wird zwar nicht um das Leben von Ra-Hoteb oder Lucius wissen, da es neu aufgebaut wurde, doch die höheren Aspekte (Körper) von Hans Müller

---

158) Vgl. hierzu: K. O. Schmidt, Totenbuch II, 23: *„In der meditativen Selbstbesinnung wird deutlich, daß der leibfreie Teil unseres Wesens, unsere ewige Individualität, unser göttliches Selbst, in allen Verkörperungen derselbe ist, während das leibgebundene Ich, die Persönlichkeit, jedesmal ein anderes ist."*
O. J. Hartmann, Der Mensch als Selbstgest., a.a.O., S.43: *„Wir sind daher veranlaßt, strenge die ewige geistige Individualität (das Geist-Ich, den Menschen im Menschen) zu unterscheiden von der jeweiligen bürgerlichen Persönlichkeit."*

159) Vgl. dazu: Annie Besant, Wiederverkörperunglehre, S. 71 ff

bergen dieses Wissen. Wenn er sein gegenwärtiges physisches Gehirn (etwa durch Meditation) verfeinert, wird er Zugang zu seinem *ganzen* Wesen gewinnen. (160) Dieser Prozeß muß immer einhergehen mit einer ethischen Höherentwicklung. Erst der gereifte Mensch wird die Gabe erhalten, zurückblickend seinen Erdenweg zu überschauen, die karmischen Verwicklungen zu verstehen – und als nun Wissender im Einklang mit dem göttlichen Gesetz weiterzuschreiten. (161) Wenn dieses Geschehen wahrhaft verstanden wird, und der Unterschied zwischen Persönlichkeit und Selbst (Geistseele und Atman) klar ins Bewußtsein rückt, entfällt der Vorwurf, die esoterische Lehre oder das 'New Age' (was immer man darunter verstehen mag) vertrete eine „pantheistische oder monistische“ Seelenlehre. (162) Um diese irrige Auffassung unmißverständlich zu korrigieren, sollen hier zwei klassische Stellungsnahmen der esoterischen Philosophie zu Wort kommen.

„Im Sinne der esoterischen Philosophie besagt die Lehre von der Wiederverkörperung: es existiert ein lebendiges und individuelles Prinzip, welches den menschlichen Körper bewohnt und beseelt und nach dem Tode des Körpers nach längeren oder kürzeren Zwischenräumen in einen anderen Körper übergeht. So reihen sich dann die aufeinanderfolgenden Körperleben ähnlich wie an eine Schnur gefaßte Perlen aneinander und sind miteinander in Verbindung, wobei wir uns das belebende Prinzip als die Schnur, die einzelnen Leben aber als die Perlen zu denken haben.“ (163)

„In jeder neuen Verkörperung findet sich der Mensch in einem

---

160) Diese Zusammenhänge sind vor allem hinsichtlich des Verständnisses von Karma wesentlich. Denn *„wir dürfen erst von einem Karma sprechen, wenn die Wirkung, die auf das Wesen zurückschlägt, beim Zurückschlagen auf dasselbe Wesen trifft, oder wenn das Wesen wenigstens in einem gewissen Sinne dasselbe geblieben ist.“* (R. Steiner, Die Offenbarungen des Karma, Dornach 1976, S.13)
161) Vgl. in diesem Zusammenhang die interessante Aufgliederung des Individualisierungsprozesses in der Anthroposophie. (Wachsmuth, Reinkarnation S.67 f.)
162) Vgl. dazu Hans-Jürgen Ruppert, New Age, Wiesbaden 1985, S.17
163) A. Besant, Wiederverkörperungslehre, S.51

physischen Organismus, der den Gesetzen der äußeren Natur unterworfen ist. Und in jeder Verkörperung ist er derselbe Menschengeist. Als solcher ist er das Ewige *in den mannigfaltigen Verkörperungen.* Körper *und* Geist *stehen einander gegenüber. Zwischen beiden muß etwas sein, wie das Gedächtnis zwischen meinen Taten von gestern und denen von heute ist. Und dies ist die* Seele. *Sie bewahrt die Wirkungen meiner Taten aus den früheren Leben. Sie bewirkt, daß der Geist in einer neuen Verkörperung als dasjenige erscheint, was vorhergehende Leben aus ihm gemacht haben."* (164)
Wenn trotzdem in der Reinkarnations-Literatur von einem „unentstandenen Sein" gesprochen oder die Auffassung vertreten wird, es gäbe letztlich *„keine Einzelseelen, sondern nur das eine Selbst, sowohl transzendent als auch immanent, das auf der relativen Ebene seine unendlichen Ausdrucksmöglichkeiten ausspielt, ohne jemals seine absolute Natur dabei zu verlieren"*;dann stellt dies – wie im Falle von Hans Torwesten –, nicht die Lehre der esoterischen Philosophie dar, sondern ist das Relikt einer überholten Advaita-Lehre, die von keinem der großen Weisen dieses Jahrhunderts gestützt wird. (165) Der Strahl der Sonne im Spiegel ist wahrhaft sonnen*artig*, doch stets bleibt die Sonne die Sonne und der Spiegel der Spiegel. Das Eins-Sein zwischen beiden, wenn der Spiegel die Sonne völlig rein reflektiert, ist das monadische Bewußtsein, die Erfahrung des göttlichen Seelenfunkens (apex mentis) – aber dieser ist *nicht identisch* mit der Gottheit. Die Monade ist eins mit allem Geschaffenen, aber alles Geschaffene ist 'nur' eine Offenbarung der Gottheit, deren Transzendenz bei aller Immanenz gewahrt bleibt. (166)

---

164) R. Steiner, Wiederverkörperung und Karma, Dornach 1987[5], S.38
Vgl. auch Michel, Botschafter 1, S.135 ff.
165) Vgl. Torwesten, S.140
166) Vgl. zum Bewußtsein der Monade: A. Besant, Eine Studie über das Bewußtsein, Leipzig 1906, S.35

Diese unzerstörbare, ewige Individualität kann auch durch außerordentlich schlechtes Verhalten (schwarze Magie etc.) nicht zerstört werden. (167) Der innerste Wesenskern jedes Menschen birgt einen göttlichen Lichtfunken, den er durch den freien Willen nahezu vollständig verdunkeln kann, indem er sich durch sein Handeln vom göttlichen Ur-Licht abwendet. Völlig zerstören kann menschliches Wollen diese Gottesgabe nicht. Am 'Ende' allen Seins wird Gott wieder *alles in allem sein.*

---

167) Vgl. zu diesem bedeutsamen Aspekt: R. Steiner, Okk. Unters., S. 301

IX. KAPITEL

GESCHLECHTSWECHSEL

Die Frage der Wiedergeburt in einem anderen Geschlecht wird oft etwas zögernd diskutiert. Offensichtlich prägt ein traditionelles Rollendenken auch den spirituellen Sucher. Wenn man berücksichtigt, daß die Geistseele ein geschlechtsloses (im menschlichen Sinn) Wesen ist und *„im Himmel keine Ehen geschlossen werden“*, kann dieser Punkt in großer Sachlichkeit diskutiert werden, zumal zwei divergierende Überzeugungen einander gegenüberstehen.

Grundsätzlich stellt sich die Überlegung, ob bei Regressionsversuchen eine statistisch 'korrekte' Aufteilung von männlichen und weiblichen Inkarnationen nachweisbar ist – vor allem bei Experimenten mit signifikant höherem Anteil von Frauen oder Männern als Versuchspersonen. In der Tat ergab bei allen Rückführungsversuchen (über mehrere Inkarnationen) eine Untersuchung von Helen S. Wambach die Normalverteilung, obwohl bsw. in einer Gruppe 78% der Versuchspersonen Frauen waren. *„Ohne Rücksicht auf das Geschlecht im gegenwärtigen Leben verteilten sich meine Versuchspersonen fast gleichmäßig auf beide Geschlechter. 50,3 Prozent waren Männer, 49,7 Prozent waren Frauen gewesen.“* (168) Der Wunschaspekt scheint also nicht so dominant zu sein, daß er tiefe Seelenerinnerungen zu beeinflussen vermag. Bleibt zu untersuchen, ob es generell einen Geschlechtswechsel von Inkarnation zu Inkarnation gibt; ob es über längere Zeiträume betrachtet zu solch einer Veränderung

---

168) Wambach, Seelenwanderung, a.a.O., S. 133

kommt; oder ob dieses Geschehen eher eine Ausnahme (eventuell aus karmischen Gründen) darstellt.
Nach anthroposophischer Auffassung vollzieht sich die Wiedergeburt ausschließlich nach der ersten Variante. Jede neue Verkörperung geht mit einem Wechsel des Geschlechts einher. *„Es ist unrichtig, daß alle sieben Mal eine männliche und eine weibliche Inkarnation sich abwechseln. Die Erfahrungen einer Seele sind sehr verschieden, ob sie männlich oder weiblich inkarniert war; das ist ja begreiflich. Daher erscheint sie im Zeitraum von 2160 Jahren einmal männlich und einmal weiblich.“* (169) Etwas vorsichtiger formulierte Steiner vier Jahre später (1910) in einem Hamburger Vortrag: *„Nur in seltenen Fällen wiederholt sich die gleiche geschlechtliche Inkarnation; sie kann sich höchstens siebenmal wiederholen. Die Regel jedoch ist die, daß jede männliche Organisation in der nächsten Inkarnation danach strebt, weiblich zu werden, und umgekehrt.“* (170) Steiner ist einer der wenigen Reinkarnationsforscher, der sich auf eine sehr enge Gesetzmäßigkeit festlegte. Möglicherweise wollte er sich im Prozeß seiner Abtrennung von der Theosophischen Gesellschaft und in den Jahren danach bewußt abgrenzen von andersartigen Reinkarnationsmodellen, um die Eigenständigkeit der Anthroposophie zu dokumentieren. Leider enthalten gerade seine Darlegungen zur Frage des Geschlechtswechsels einige recht befremdliche Details. (171) Solche Ausführungen, selbst wenn ihnen ein unglücklich wiedergegebener Sachverhalt zugrundeliegen sollte, wären besser unterblieben. Sie werden von einschlä-

---

169) R. Steiner, Vor dem Tore d. Th., S.39/ ebenf. Wiederverk. u. Karma, S.157
170) Die Offenbarungen d. Karma, S.181/ ebenf. Geheimw. im Umriß, S.314
171) So etwa zur Frage der Geschlechtsbestimmung: *„Durch die Art und Weise, wie der Mensch an dem Mond vorbeikommt, wird nicht nur sein Geschlecht bestimmt, sondern seine Haarfarbe und seine Augenfarbe. Ist der Mensch zum Beispiel als Frau an dem Vollmond vorbeigegangen und setzt sich nachher noch dem Neumond aus, so kann er als Frau blaue Augen und blonde Haarre bekommen.“* (Geistige Zusammenhänge in der Gestaltung des menschlichen Organismus, Dornach 1976², S.121)

gigen Gegnern der Reinkarnationslehre gerne benutzt, um eine seriöse Philosophie der Lächerlichkeit auszusetzen.
Wie schon angesprochen, neigte man seitens theosophischer Autoren einem Geschlechtswechsel nach sieben Inkarnation zu. Doch seitens des wohl einflußreichsten Forschers über diese Thematik, Charles W. Leadbeater, wurde auch diese Anschauung zugunsten einer weiter gefaßten, flexibleren aufgegeben. *„Beim Beginn dieser Studien gab man uns die Allgemeinregel, daß der Mensch gewöhnlich nicht weniger als drei und nicht mehr als sieben Inkarnationen in* einem *Geschlecht durchlebt, bevor er in das andere übergeht. Obwohl die zahlreichen, seitdem unternommenen Forschungen diese allgemeine Regel in weitem Umfange bestätigen, zeigen sie gleichzeitig sehr viele Ausnahmen, denn einige Leute gingen durch eine lange Reihe von Inkarnationen in dem* einen *Geschlecht und wandten sich dann erst dem anderen zu, während andere sich eine zeitlang abwechselnd in einem weiblichen und einem männlichen Körper inkarnierten; doch waren die meisten von diesen Egos schon etwas über den Durchschnitt hinaus entwickelt und erfuhren daher wahrscheinlich eine ganz besondere Behandlung."* (172) Unterstützung erfuhr Leadbeaters Auffassung durch den *„schlafenden Propheten"* Edgar Cayce. Dieser neigte der christlich-spiritualistischen Lehre zu, alle jetzigen Menschenwesen seien ursprünglich als geschlechtslose göttliche Geistgeschöpfe ins Leben gerufen worden (vgl. Origenes). Durch die Verwicklung in die Materie (Fall?), über eine anfängliche Zweigeschlechtlichkeit, führte der Weg zur Trennung der Menschen in zwei isolierte Geschlechtswesen. Im Verlauf des Evolutionsprozesses soll diese wieder aufgehoben und zu einem erneuten – diesmal rein geistigen – Hermaphroditentum führen. Für die Richtigkeit von Cayces „Readings" spricht die Tatsache, daß er z.B. bei ausgespro-

172) Leadbeater, Das Innere Leben Bd. 2, Leipzig o.J., S. 466 f.

chen 'männlichen' Frauen (die er vorher nicht kannte) auf männliche Vorinkarnationen stieß. Auch außergewöhnliche karmische Strukturen führten laut Cayces Botschaften zu einem – meist folgenreichen – Geschlechtswechsel. (173)
Unter den Mystikern und Reinkarnationsforschern der Gegenwart herrscht weitgehend die Ansicht vor, der Mensch sei von seiner geistig-göttlichen Anlage her die Verkörperung eines bestimmten Poles, der zu seiner Vervollkommnung der Ergänzung seitens eines Gegenpoles bedarf. So stellte der bedeutendste Reinkarnationsforscher der neueren Zeit, der Amerikaner Ian Stevenson, nach Auswertung seines umfangreichen Dokumentationsmateriales fest, daß die Fälle, in denen ein Geschlechtswechsel zu konstatieren war, nur etwa fünf Prozent betrugen. (174) Auch die gegenwärtig so großartige Arbeit in der Aids-Hilfe leistende Sterbeforscherin Elisabeth Kübler-Ross schreibt im Vorwort der umfangreichen Reinkarnationsanthologie von Head/ Cranston: *„Wer wiedergeboren wird..., wird stets wieder in einem männlichen oder weiblichen Körper inkarniert...“* (175) Auch nach den Einsichten von Flower A. Newhouse durchläuft der Mensch im gleichen Geschlecht die Erdenwanderung, um dann, verbunden mit seiner Dualseele, zu höheren Planeten weiterzuschreiten. (176) Dieser Auffassung schloß sich nach Jahren des Prüfens auch der bekannteste deutsche Reinkarnationstherapeut (Th. Dethlefsen) an, der diesbezüglich wahrscheinlich auf die umfangreichste Materialsammlung zurückgreifen kann. *„Nach Prüfung vieler Hypothesen sind wir zur Zeit*

---

173 Vgl. Cerminara, Erregende Zeugnisse, S.158 ff.
Ähnliche Fallbeispiele finden sich bei Jean-Baptiste Delacour, Aus dem Jenseits zurück, München 1985, S.49 f.

174) Ian Stevenson, Reinkarnation, Freiburg 1979[9], S.156
Ausdrücklich bestätigt wird Stevenson von Marcia Moore/ Mark Douglas, Reincarnation – Key to Immortality, York Harbor 1967, S.167 ff.

175) Head/ Cranston, S.VIII

176) Ebenso Sri Aurobindo: *„Meist bewahrt die Seele die gleiche Linie des Geschlechts.“* (Vgl. P. Michel, Das Weltbild der Yoga-Meister, Forstinning 1982, S.214)

der Meinung, daß eine Seele ein feststehendes Geschlecht besitzt und daß dazu eine gegengeschlechtliche Dualseele existiert. Die Mehrzahl aller Verkörperungen haben das Geschlecht, das die Seele von Anbeginn hat. Gegengeschlechtliche Inkarnationen werden nur hin und wieder dazwischengeschoben, um bestimmte Erfahrungen zu machen oder Karma einzulösen. Die Seele kommt häufig, aber nicht immer, mit ihrer Dualseele zusammen, da beide in ihrer Entwicklung voneinander abhängig sind." (177) Den differierenden Auffassungen über den Wechsel des Geschlechts im Verlauf der Reinkarnationen liegen zwei unterschiedliche Weltbilder zugrunde. Das eine könnte als *evolutiv* charakterisiert werden, das andere läßt sich als *kreationistisch* umschreiben. Nach dem evolutiven Modell ist das *„Ziel der Evolution auf der physischen Ebene das ganz ausgeglichene menschliche Wesen, bestehend aus 'männlichen' Eigenschaften von Willen und Intelligenz, und den 'weiblichen' Fähigkeiten von Intuition und Liebe, beides zu höchster Vollendung gesteigert.*" (178) Zur Verwirklichung dieses Zieles wechselt die Geistseele das Geschlecht, um männliche und weibliche Erfahrungen zu sammeln. Das kreationistische Modell geht davon aus, daß „im Anfang" Gott alle Wesen als Duale erschuf. Diese Dualseelen-Funken durchwandern gemeinsam die Schöpfung, begegnen sich auf ihrem Evolutionsweg immer wieder, um einst vereint in vollendeter Harmonie im göttlichen Bewußtsein zu leben. (179) Diese Auffassung ist sicher die 'poetischere', und nicht wenige der großen Dichter neigten ihr zu. Betrachtet man das große

---

177) Dethlefsen, Schicksal als Chance, S.243 f.
Bestätigung findet Dethlefsen seitens des bekannten englischen Rückführungstherapeuten Arnall Bloxham, dessen faszinierende Untersuchungen mit „Jane Evans" ebenfalls nur weibliche Vorinkarnationen erbrachten. Siehe: Jeffrey Iverson, Leben wir öfter als einmal?, München 1977, S.34 ff.

178) H. K. Challoner, Das Rad der Wiedergeburt, München 1976, S.146

179) Vgl. zur Dualseelen-Lehre das aufschlußreiche Kapitel von Passian, Wiedergeburt, S.124 ff.

Mysterium der Liebe, das menschliches Leben seit Urzeiten im tiefsten Wesenskern bewegt, so scheint in der Anziehung von wesenhaft unterschiedlichen Polen eine tiefere Wahrheit zu liegen als im 'evolutiven' Modell, das die Liebe, das ewige Geheimnis, im Grunde zu einem Lernfaktor, zur Erfahrungsaufnahme reduziert.
Grundsätzlich mag auch hier K. O. Schmidt die Gesamtproblematik richtig charakterisiert haben, als er schrieb: *„Feste Regeln über die Aufeinanderfolge männlicher und weiblicher Verkörperungen lassen sich wegen der Vielzahl der hier mitwirkenden Faktoren nicht aufstellen.“* (180)

180) Abend. Totenbuch II, S. 77

X. KAPITEL

RÜCKERINNERUNGEN

Die psychischen Prozesse, die sich bei der Übertragung von geistig-seelischen 'Erinnerungen' auf ein neu entwickeltes physisches Gehirn abspielen, sind noch weitgehend unerforscht. Bisher erstrecken sich die Untersuchungen des Rückerinnerung-Phänomens noch weitgehend auf die Überprüfung von erinnerten Fakten – Namen, Orte, Jahreszahlen, Narben oder fremde Sprachen. (181) Häufig wird als 'Sitz' für die Erinnerungen aus ferner Zeit das Unterbewußtsein angegeben. (182)Vielfach sind Rückerinnerungen auch gekoppelt mit einem einschneidenden Erlebnis, etwa einer außerkörperlichen Erfahrung im Nah-Tod-Zustand. Zahlreiche Menschen berichteten über auftauchende Erinnerungsbilder aus früheren Erdenleben (Beispiel Jankovich), nachdem sich ihr Bewußtseinszentrum von der physischen Hülle gelöst hatte. Zurückgekehrt in den Erdenkörper vermochten sie die geschauten Bilder in ihr physisches Gehirn zu übermitteln. (183) Derartige Erfahrungen können ein gnadenhaftes Geschenk sein, der Einbruch einer anderen Dimen-

---

181) Williston/Johnstone beschreiben die bemerkenswerte Erfahrung eines Klienten, der die beginnende Kommunikation mit seinem 'höheren Selbst' schildert. Dabei erkennt sich das Selbst als unabhängigen Beobachter, der den Fluß von Energien und Gedanken gleichsam von 'außen' betrachtet. (Willistone 201) Eine umfassende Studie von ähnlich gelagerten Fällen würde es ermöglichen, den Übermittlungsprozeß von Reinkarnationserinnerungen besser zu verstehen.

182) So Cayce, Sugrue, S.237: *„Das Unterbewußtsein ist also ... eine Aufzeichnung aller Leben der Seele in diesem System und in den anderen Sonnensystemen, draußen, unter den Sternen."*

183) Vgl. dazu die ausgezeichnete Arbeit von Kenneth Ring, Den Tod erfahren – das Leben gewinnen, München 1985, S.152 ff.

sion. Sie können auch bewußt herbeigeführt sein, durch Hypnose, Meditation oder verschiedene Formen der Rückführungstherapien. Nach inzwischen jahrelangen Erfahrungen äußern sich seriöse Therapeuten eher warnend zu häufig nur aus Neugier durchgeführten Rückführungs-Experimenten. „*Aus der zwölf Jahre später gewonnenen Perspektive und nachdem ich zahlreiche hypnotische Regressionen in vergangene Leben beobachtet habe, glaube ich auch noch heute, daß es klüger ist, wenn nur Menschen, die reif genug sind, damit fertigzuwerden, die Erinnerungen an ihr vergangenes Leben zurückrufen.*“ (184)
Das Wissen um vergangenes Geschehen ist dem Menschen nicht aus 'Mißgunst der Götter' genommen worden, sondern der Trank der Lethe stellt ein Geschenk der himmlischen Weisheit dar. Wer wollte mit der *permanent* präsenten Erinnerung von zwanzig Erdenleben durch den Alltag schreiten? Zwanzig Identitäten, vierzig Eltern, zwanzig oder mehr Ehegatten, zahllose Verwandte, Dutzende von Sprachen und unüberschaubare (für normales Bewußtsein) menschliche Verbindungen und Schicksalsverknüpfungen. Eine gütige Bestimmung legt den Schleier des Vergessens über die Vergangenheit und lüftet ihn nur aus bestimmtem, dann hilfreichem Anlaß. Die ethischen Werte, die in den verschiedenen Erdenleben erworben werden, sind mittels des Charakters (vgl. Kap. XIV) stets präsent.
Einer der Gründe, warum die Vergangenheit nicht leichtfertig heraufbeschworen werden sollte, liegt in der Tatsache der karmischen Verantwortung begründet. Ein verfrühtes Anziehen von noch auszugleichender karmischer Schuld (oder Begabung seitens eines unreifen Charakters) könnte sich unheilvoll (oder mißbräuchlich) auswirken . Wenn „*'Gestern' und 'Heute' eng verknüpft werden, wirkt dieser Zustand wie ein Magnet, der gewisse Atome aus der Vergangenheit heranzieht; und diese bringen auto-*

---

184 Wambach S. 11

matisch Schulden aus jener speziellen Vergangenheit ans Tageslicht, die Bezahlung fordern. Hier ist ein anderer Grund, warum den Menschen normalerweise nicht gestattet ist, ihre früheren Leben nach Belieben heraufzubeschwören. Es ist zu gefahrvoll, denn es kann leicht Karma auf sie herabziehen, wofür sie noch nicht stark genug sind, und es wäre unheilvoll, sich schon jetzt damit zu befassen.“ (185) Ein aus spirituellen Gründen durchgeführtes Rückschauen sollte daher nur unter der Leitung eines erfahrenen und hochentwickelten Lehrers unternommen werden. Dieser muß in der Lage sein, den inneren Reifegrad des Schülers und die feinstofflichen Energien jederzeit unter Kontrolle zu halten. (186)

Das Phänomen der Rückerinnerung erhält aus zwei Gründen besonderes Gewicht. Zum einen stellt es für den Erlebenden eine unumstößliche, jenseits aller kritischen Einwände aufrechterhaltene Gewißheit dar; zum anderen bieten die erinnerten Einzelheiten die Möglichkeit zu einer objektiven Überprüfung subjektiver Erinnerungsmomente. Die auf dieser Basis dokumentierten Fälle sind von solcher erdrückenden Dichte und Überzeugungskraft, daß schon eine außergewöhnliche Skepsis oder Vorurteilsverhaftung erforderlich ist, um an diesen Fakten unberührt oder ablehnend vorbeizugehen.

Da leben Kinder, die ihre weinende Mutter am Grab eines früher verstorbenen Töchterchens plötzlich mit den Worten trösten: *„Du brauchst nicht mehr zu weinen, ich bin doch wieder da, ich weiß noch genau, wie du mich hier hingelegt hattest, ich war doch sehr krank gewesen.“* (187)

---

185) Challoner, Rad d. W., S.205 (vgl. auch ebd. S.39 f.)

186) Die empfehlenswerteste Literatur über seriöse Rückerinnerung bildet neben H. K. Challoner:
Grace Cooke, Der Pfad der Einweihung, Grafing 1988[2]
Elisabeth Haich, Einweihung, München 1976[5]
Stephen Isaac, Die Suche nach Wahrheit, Grafing 1984

187) D. Bauer/ M. Hoffmeister/ H. Görg, Gespräche mit Ungeborenen, Stuttgart 1986, S.160

Da trifft eine ältere Engländerin in einem Drusendorf, das sie nach vielen Jahren erneut besucht, einen kleinen Jungen, der ihr erzählt, er sei ihr früherer Liebhaber gewesen, und intimste Einzelheiten aus der einst gemeinsam verbrachten Zeit berichtet und sogar über ein Muttermal der verblüfften Besucherin Bescheid weiß. (188)
Da wird der kleine Gregor als Markus in derselben Familie wiedergeboren und versucht der neuen/alten Mutter mit allen Mitteln klarzumachen, daß er „wieder da“ ist. Von skurilsten Einzelheiten des Verhaltens bis hin zur Verwendung eines verballhornten Puppennamens reicht das Spektrum des kleinen Zurückgekehrten, um sich zu erkennen zu geben. (189)
Vor allem Kinder besitzen noch die unmittelbare Verbindung zu höheren Welten. Dietrich Bauer umreißt diese Phase des kindlichen Entwicklungsprozesses in seinem mit zwei Co-Autoren verfaßten verdienstvollen Buch *„Gespräche mit Ungeborenen“* überaus einleuchtend: *„Das Wesen, die Individualität des Kindes, schafft wie von außen an seiner sich entwickelnden Leiblichkeit, noch ganz unter Leitung der Wesen, die es hereingeführt haben in diese Welt. Da sein diesseitiges Bewußtsein noch nicht deutlich ausgeprägt ist, kann seine Erinnerung noch zurückreichen in die Welt, aus der es herabgestiegen ist.“* (190)
Nachstehend sollen nun Einzelheiten des Rückerinnerungsgeschehens analysiert werden, unter dem Gesichtspunkt der Überprüfung von Orten, fremden Sprachen, Überkreuzerinnerungen, Schriftbildern und ähnlichen Phänomenen. Abschließend wird auf das Leben zwischen den Leben einzugehen sein.
Die wissenschaftlich seriöseste Arbeit im Bereich der Reinkarnationsforschung lieferte Ian Stevenson, der akribisch Namen,

188) Robert Ernst, Zum Problem der Reinkarnation und „Überseelung“ in: Grenzgebiete der Wissenschaft 1986/2, S.130
189) Kurt Allgeier, Niemand stirbt für ewig, Zürich 1988, S.9 ff. u. S.87
190) Bauer/ Hoffmeister/ Görg, a.a.O., S.84

Orte und Geschehnisse dokumentierte. Unter den von ihm veröffentlichten Fällen ragt jener des Inders Prakash heraus, in dem Stevenson eine Fülle von Ortsangaben verifizieren konnte, sowie Identifizierungen unbekannter (im neuen Leben) Personen und intimer familiärer Einzelheiten. (191)
Noch verblüffender sind die dokumentierten Einzelheiten im Fall Mallika. *„Eines Tages erwähnte jemand in Anwesenheit Mallikas die Kuh „Coundavy", worauf Mallika sofort äußerte: „Ich erinnere mich an Coundavy und das kleine Hündchen, das immer wie ein Kalb an der Kuh getrunken hat." Das rief bei den Anwesenden die Tatsache ins Gedächtnis zurück, daß ein den Mourougassigamanys gehörender Hund an der Kuh Coundavy getrunken hatte, nachdem diese ein noch säugendes Kalb zur Welt gebracht hatte."* (192) Hier müssen kritische Einwände schon sehr einfallsreich sein, um zu begründen, auf welche Weise die kleine Mallika das kollektive Unbewußte (oder was auch immer) so präzise 'anzapfte', um genau diese kleine, unbedeutende Hunde-Geschichte abzurufen. Welche Unwahrscheinlichkeitsquote soll denn hier in Rechnung gestellt werden?
Zwei weitere verblüffende Geschehnisse dokumentiert Iverson im Falle von „Jane Evans"/ Bloxhall. In einer Sitzung beschreibt „Jane Evans" Eindrücke anläßlich eines Juden-Progroms im englischen York des Jahres 1190, in dem sie schließlich als Opfer (Rebekka) beteiligt war. Bei einem Ortstermin versuchte „Jane" die Kirche, in der sich die Ereignisse vor rund achthundert Jahren abgespielt hatten, zu identifizieren. Sie findet eine Kirche, doch diese (und auch alle anderen in York) weisen keine Krypta auf, in der sich Rebekka 1190 versteckt haben will. Enttäuscht und verunsichert reist man aus York ab. Sechs Monate später stößt ein Bauarbeiter bei Arbeiten an der Kirche unter der Kanzel auf einen unterirdischen Raum, der keinerlei

191) Ian Stevenson, Reinkarnation, Freiburg 1979³, S.35 ff.
192) ebd., S.125 f.

Zweifel aufkommen läßt, daß sich hier der Ort befand, an dem sich Rebekka versteckt hielt. (193) Eine ähnliche Ortsüberprüfung gelang einer Journalistin im Anschluß an einer Rückführung bei Th. Dethlefsen. Sie konnte eine Vorexistenz im Jahre 1832 durch altes Quellenmaterial verifizieren. (194)
Als überzeugend erweist sich auch der Fall des kleinen Robin Hull, der detaillierte Angaben über sein Vorleben in einer tibetischen Klosterschule machte und zugleich Sätze in dieser seiner Umwelt gänzlich fremden Sprache äußerte. Ein hinzugezogener Tibetologe konnte nicht nur die Sinnhaftigkeit der gesprochenen fremdartigen Worte bestätigen, es gelang ihm sogar, in den Kuenlun-Bergen die beschriebene Schule ausfindig zu machen. (195)
Der glückliche Umstand einer Mikroverfilmung von alten Stadtzeitungen ließ eine Patientin von Helen Wambach herausfinden, daß bei einem Brand in einer amerikanischen Kleinstadt im Jahre 1896 tatsächlich (wie rück-erinnert) eine Feuerglocke im Klassenzimmer geläutet hatte. Es war die einzige Feuerglocke, die es in der Stadt gab! Zudem konnte anhand eines Photos und der Namensnennung der Polizeichef von Westfield aufgrund einer Beschreibung aus der Rückschau exakt identifiziert werden. (196) Die umfassendste Sammlung von überprüftem Material aus Reinkarnationserinnerungen dürfte die Cayce-Stiftung (ARE) in Virginia besitzen. Dort wurden seitens der Mitarbeiter zahllose Fälle untersucht, in denen Namen und Ortsangaben vorkamen. Die außerordentlich umfangreiche Sammlung verifizierter Fälle kann von jedermann eingesehen werden. (197)

---

193) Jeffrey Iverson, Leben, a.a.O., S.55. Interessant auch in den Bloxham-Untersuchungen die Identifizierung eines alten Wappens, das bis dahin unbekannt war. (S.98 f.)
194) Dethlefsen, Erlebnis d. W., S.43
Ähnliche Ortsüberprüfungen gelangen Michael Arends. Vgl. seinen Bericht in: Elementare Fragen zur Reinkarnation, St. Michael (A) 1981, S.18 f.
195) Cranston/Williams, Reincarnation, S.103 ff.
196) Wambach, a.a.O., S. 46 f.
197) Cerminara, Zeugnisse, S. 284

Zu den bestechendsten Beweisen der Reinkarnationslehre zählen die Fälle von Überkreuzerinnerungen; d.h. zwei gänzlich fremde Personen treffen sich wieder und bestätigen einander die unabhängig vom Gegenüber erfahrene Erinnerung eines früheren Erdenlebens, in dem die wiedergetroffene Person eine wesentliche Rolle spielte. Der Reutlinger Sprachlehrer H. G. Scheffler berichtete K. O. Schmidt ein Meditationserlebnis, indem er sich als der Gärtner Duddeley in einem schottischen Schloß wiederfindet, man schreibt das Jahr 1587. Viele Jahre später will Scheffler nach Breslau reisen, um einen Bekannten zu besuchen. Auf dem Weg zum Bahnhof überfällt ihn das Gefühl eines unmittelbar bevorstehenden außergewöhnlichen Ereignisses. An der Ecke der nächsten Querstraße prallt er plötzlich mit einem Mann zusammen. Man entschuldigt sich, will weitergehen, sieht sich kurz in die Augen, geht einige Schritte und bleibt stehen. Beide bleiben stehen, sehen zurück, gehen aufeinander zu und stellen sich vor. Beide bekennen, von einem Gefühl gespannter Erwartung erfüllt gewesen zu sein, beide meinen einander 'zu kennen', obwohl sie sich noch nie gesehen haben. Scheffler und sein Gegenüber, ein Herr Dr. Thomas, begeben sich, noch ganz unter dem Banne des Erlebten, in ein Cafe. Man spricht über die Eigenartigkeit des Geschehens, berührt die Idee der Reinkarnation und Dr. Thomas bekennt, ohne von Schefflers Erlebnissen zu wissen, Rückerinnerungen zu haben. Unter anderem erwähnt er die Erinnerung an ein Leben im Schottland des 16. Jahrhunderts, wie er Scheffler mitteilt. Es sei damals recht einsam gewesen, habe nur einen einzigen Freund besessen, den Schloßgärtner. Die Schlußpointe schildert Scheffler mit den Worten: *„Atemlos, mit wachsender Spannung hatte ich den Worten Dr. Thomas gelauscht. Mit keinem Wort hatte ich noch etwas von meinem gleichartigen Erleben gesprochen. Jetzt aber konnte ich nicht mehr an mich halten. Ich unterbrach ihn und stellte die Zwischenfrage: „Erinnern Sie sich* *vielleicht noch, wie Ihr damaliger Freund hieß?" Darauf er: „Oh ja, ganz genau sogar; er hieß JAMES DUDDELEY!"* (198) Bande der Freundschaft, die schicksalhaft geschlossen werden, führen über Raum und Zeit immer wieder zusammen.

Einen ähnlich verblüffenden Fall schildert de Rochas. Es handelt sich um die reinkarnierten Zwillinge Maung-Kan und Maung-Ngé. Beide nannten sich bei ihren Spielen nicht mit ihren normalen Namen sonder Maung-San-Nyein und Ma-Gyroin. Der zweite Name ist ein Frauenname, es handelte sich aber um Zwillingsbrüder. Die Eltern der beiden Kinder erinnerten sich, von einem außergewöhnlichen Fall zweier Kinder in einem Dorf names Okashitgon gehört zu haben. Sie kamen am selben Tag im selben Dorf zur Welt, heirateten einander später und starben durch dieselbe Todesart am selben Tag. Die Eltern reisten mit ihren Kindern nach Okashitgon. Maun-Kan und Maung-Ngé kannten alle Einzelheiten, Straßen, Leute, Häuser und fanden sogar alte Kleidungsstücke heraus, die sie einst getragen hatten. Der jüngere der beiden Knaben erinnerte sich sogar, einer gewissen Ma-Thet zwei Rupien geliehen zu haben, die diese nicht zurückgezahlt hatte. Die noch lebende Ma-Thet konnte dies bestätigen. (199)

Die jüngere Reinkarnationsforschung, hier vor allem die Professoren Stevenson und Bayer, begannen neben den geographischen und historischen Fakten auch besondere körperliche Merkmale zu untersuchen. In diesem Zusammenhang erregte vor allem der „Fall Achmed" Aufsehen. Achmed, in der südlichen Türkei geboren, wies *neun* außergewöhnliche Narben an seinem Körper auf, die von Geburt an vorhanden waren. Durch eine großangelegte polizeiliche Archiv-Suchaktion stieß man auf einen fünfzehn Jahre zurückliegenden Fall, bei dem ein

---

198) K. O. Schmidt, Totenbuch II, S.170 ff.
199) A. de Rochas, S.258 f.

Mann namens Mustapha durch neun Pistolenschüsse ermordert worden war. Prof. Bayer erhielt die Erlaubnis zur Exhumierung – und das Skelett des Ermordeten wies genau an den Stellen neun Einschüsse auf, an denen die Wundmale Achmeds lagen ! (200) Man mag streiten, ob damit ein 'Beweis' für Reinkarnation vorliegt, zweifelsfrei würde jedoch jedes Gericht aufgrund einer solchen Indizienkette auf „schuldig" entscheiden. (201)

Zu den eindrucksvollsten Phänomenen im Zusammenhang mit Rückerinnerungen zählt die Beherrschung einer bisher unbekannten Sprache, die bei Rückführungen häufig gleich einer Muttersprache gesprochen wird. Dethlefsen berichtet von einer Sekräterin, die plötzlich Ägyptisch sprach (202); Netherton von einer jungen Frau, die von einem Moment zum anderen in einen afrikanischen Dialekt verfiel (203) und Bauer dokumentiert die Geschichte eines kleinen Mädchens, das immer wieder altjüdische Namen verwandte. (204)

Einen der außergewöhnlichsten Fälle von Xenoglossie stellt die Geschichte der kleinen Blanche dar. Als Töchterchen des Ehepaares Battista wächst die Kleine in Rom auf und lernt von einer französischen Kinderschwester ein französisches Kinderlied. Das Kind stirbt früh und das Kindermädchen kehrt in seine Heimat zurück. Drei Jahre nach dem Tod von Blanche erschaut die Mutter in einem Wachtraum, im vierten Monat einer neuen Schwangerschaft, die kleine Blanche, die zu ihr spricht: *„Mutti, ich komme zurück."* Die Eltern, vor allem der Vater, bleiben

---

200) Vgl. Passian, S.140
201) Vgl. ähnliche Fälle bei:
Dethlefsen, Erlebnis d. W., S.54
Netherton, Berichte, S.96
G. Adler in : I. Mundi, a.a.O., S.374 f.
202) Erlebnis S.55
203) Netherton S.95
204) Bauer, Gespräche, S.57
Vgl. zum Sprach-Phänomen auch:
John Algeo, Reincarnation Explored, Wheaton 1987, S.46 f.
Allgeier, Niemand...., S.25 ff. und de Rochas, S.262

skeptisch. Trotzdem erhält die neugeborene Tochter auch den Namen Blanche. Neun Jahre nach dem Tode der ersten Tochter ereignet sich folgendes. Die Eltern vernehmen eines Tages aus dem Kinderzimmer, von einer lieblichen Mädchenstimme gesungen, das alte französische Kinderlied. Verblüfft laufen sie ins Zimmer ihrer Tochter und fragen nach der Herkunft des Liedes, das sie ihr nicht beigebracht haben. Doch auf die Frage, wer sie das Lied gelehrt habe, antwortet die kleine Blanche: *„Niemand, ich wußte es noch auswendig.“* (205)
Ähnlich spektakulär wie die Fähigkeit, eine fremde Sprache zu sprechen, ist die Gabe, sie zu schreiben; besonders wenn es sich um eine so schwierige Schriftform wie altägyptische Hieroglyphen handelt. (206) Auch eine graphologische Untersuchung von Unterschriftsproben, eine im Normalbewußtsein und eine im Zustand hypnotischer Rückführung verfaßt, wies, trotz eines sehr unterschiedlichen Schriftbildes, bemerkenswerte Ähnlichkeit auf. (207) Hier handelt es sich um ein Feld, für das noch ein erheblicher wissenschaftlicher Nachholbedarf besteht und das sicher noch manches bemerkenswerte Untersuchungsergebnis zeitigen wird.

Das Material über die Erfahrungen zwischen den Leben ist nicht so umfangreich wie jenes über Vor-Inkarnationen. Dafür dürften zwei Gründe ausschlaggebend sein: Zum einen die häufige Erdgebundenheit vieler Seelen, die relativ schnell (nach irdischen Zeitmaßstäben) reinkarnieren; und zum anderen die gänzlich andersartige Erfahrung in jenseitigen Welten, wenn die Geistseele das Erdenbewußtsein allmählich hinter sich läßt. De Rochas schildert ein typisches Erleben für die erste Kategorie.

---

205) Cranston/Williams, Reincarnation, S.156
206) Vgl. zu derartigen Phänomenen: Wambach, S.76 u. S.82/ Dethlefsen, Erlebnis d. W., S.54 f.
207) Vgl. Willistone/ Johnstone, S.143

Im Falle der bereits erwähnten Wiedergeburt der birmesischen Zwillinge, berichteten ihm beide Erlebnisse zwischen den Leben: *„Sie erzählten mir viele Dinge aus ihrem früheren Leben und sagten, daß sie nach ihrem Tode einige Zeit ganz ohne Körper in der Luft umherirrend gelebt und sich in den Bäumen verborgen gehalten hätten. Dies wegen ihrer Sünden. Einige Monate darauf wurden sie als Zwillinge wiedergeboren.“* (208) Dieser Fall scheint eher typisch für sogenannte „junge Seelen“, die kein intensives Erleben im Jenseits erwartet, sondern die relativ schnelle Wiedergeburt. Allgemein wird das jenseitige Leben als beglückend, lichtvoll (häufig fällt das Wort vom „goldenen Licht“) und schwebend geschildert. Gelegentlich tauchen Berichte über fremdartige Kulturen auf; häufig finden wir die Erwähnung von Begegnungen mit Lichtgestalten (Schutzengel, geistige Führer, göttliche Boten etc.). Diese Beschreibungen entziehen sich einer allgemeinen Überprüfung, sollen aber der Vollständigkeit halber erwähnt werden. (209)

Ein charakteristischer Fall für die zweite Kategorie findet sich unter dem Dethlefsen-Material. Dort gewinnt der Leser oder Hörer beim Durcharbeiten jener Passagen, die über die jenseitige Welt handeln, den Eindruck, als suche die Versuchsperson nach treffenden Worten, um in irdischen Bildern eine über-irdische Wirklichkeit zu beschreiben. Ein kurzer Passus mag diese Schwierigkeit verdeutlichen: *„Ja, wir sind, wir sind – was sind wir – wir, ja, ich weiß nicht, was wir sind – wir haben Gedanken – wir sind, wir sind Gedanken – ich glaube, wir sind nur Gedanken – ohne Körper, aber genau sagen kann ich dir das nicht.“* (210)

Die von Mystikern und Medien häufig beschriebenen - und ebenso häufig belächelten – Kinderparadiese in den jenseitigen

---

208) de Rochas, a.a.O., S.259

209) Vgl. zum Thema Jenseitswelten auch Uwe Topper, Wiedergeburt, Reinbek 1988, S.15 ff.

210) Dethlefsen, Erlebnis d. W., S.167

Welten entsprechen möglicherweise mehr der Realität als es der so 'aufgeklärte' Agnostiker des Atomzeitalters annehmen möchte. So erklärte der wiedergeborene Gregor einmal seiner verängstigten Mutter, warum er sich die Treppe hinabgestürzt habe: *„Ich will wieder zum lieben Gott. Dort ist es viel schöner als bei euch...!“* (211)
Diese umrißartige Dokumentation einzelner Aspekte der Reinkarnationserinnerungen und Phänomene kann nur einen repräsentativen Ausschnitt vermitteln. Es wäre wünschenswert, einmal eine durch einen Forschungsauftrag geförderte, groß angelegte Untersuchung zu den einzelnen Spielarten des Reinkarnationsgeschehens zu erhalten. In einer spirituell offeneren Zeit zeigen glücklicherweise immer mehr Menschen den Mut, bisher im Innersten verborgene Erfahrungen und tief bewegende Erlebnisse zu enthüllen, die vorher aus Angst vor Preisgabe an eine (sie der Lächerlichkeit aussetzende) unwissende Umwelt verschwiegen wurden. Die Zeiten haben sich gewandelt. Das Bekenntnis zur Reinkarnation ist salonfähig geworden. In der Zukunft wird die Reinkarnationslehre zum allgemeinen Gedankengut gehören.

---

211) Allgeier, Niemand, S. 19

XI. KAPITEL

KARMA UND VERERBUNG

Die größte Gegensätzlichkeit zwischen der esoterischen Philosophie und der materialistischen Naturwissenschaft tritt im Streit um die Frage nach Zufall oder geistiger Gesetzmäßigkeit bei der Vererbungslehre auf. Während der Agnostiker alle wesensbildenden Faktoren auf reinen Zufall, Mutation oder Umwelteinflüsse reduziert, geht die ganzheitliche Weltsicht von einer schicksalhaften Lenkung des Vererbungsgeschehens aus. Vererbung wird vom Karma bestimmt. Man kann diese Interdependenz nicht treffender formulieren als Hugo von Gizycki: *„Man sieht seinen Eltern nicht ähnlich, weil man deren Kind ist, sondern: weil man seinen Eltern ähnlich war, wurde man deren Kind.“* (212) Die Kritiker dieser Auffassung, oft große 'Leuchten der Wissenschaft', bis hin zum Nobelpreisträger, sollten ihre Auffassung vielleicht einmal konsequent zu Ende denken; dann müßte ein Nobelpreis eigentlich aus Anstand verweigert werden, denn es liegt ja kein geistig-seelischer Verdienst zugrunde – nur eine günstige Kombination von Genen. Weshalb den Verbrecher bestrafen, sind nicht eher die Eltern schuldig, die ein so 'minderwertiges' genetisches Material lieferten? Man sieht, hier steht eine gesellschaftliche Praxis – unausgesprochen – in eklatantem Widerspruch zu einer materialistischen Biologie.
Als einer der entschiedensten Kritiker der materialistischen Evolutionstheorie profilierte sich Rudolf Steiner. Steiner kannte die wissenschaftlichen Anschauungen seiner Zeit ausge-

---

212) K. O. Schmidt, Totenbuch II, S.72

zeichnet und räumte ihr – dort, wo es angebracht war – durchaus ihr Recht ein. Seine Wertschätzung für die Forschungen, etwa eines Haeckels, ließ ihn jedoch nie vergessen, welche Gräben sie erkenntnistheoretisch trennten. Besonders vehement wandte sich Steiner gegen die populistische Vererbungslehre, die Erfahrungen der einen Spezies mittels Erbinformations-Transformation auf die nächste übergehen läßt. „*Wer den Zusammenhang wirklich übersieht, wird kaum in der Lage sein zu sagen, daß soundso viele Insekten, weil sie gefunden haben, daß sie getötet werden, sich angewöhnt haben fortzufliegen, um nicht getötet zu werden . Um diese Erfahrungen an ihre Nachkommen weiterzugeben, hätten sie ja am Leben bleiben müssen. Also, Sie sehen, es ist unmöglich, so von Vererbung zu sprechen, ohne sich in die schlimmsten Widersprüche zu verwickeln. Wir könnten von hundert und tausend Fällen sprechen, wo Tiere nur ein einziges Mal etwas tun. Nehmen Sie die Einpuppung: Das wird nur einmal im Leben gemacht, und daraus geht schlagend hervor, daß es nicht möglich ist, von einer Vererbung wie im physischen Leben zu sprechen. Daher verläßt der Naturforscher den Satz vollständig, daß die Instinkte vererbte Übungen sind. Hier haben wir es nicht zu tun mit einer Übertragung dessen, was im physischen Leben unmittelbar erfahren ist, sondern mit einer Wirkung der Tierseelenwelt.*“ (213) Diese Ausführungen Steiners verdeutlichen die Kluft zwischen einer seelen-losen Naturwissenschaft und einer spirituellen Weltanschauung, die geistig-seelische Kräfte in allem Leben wirken sieht. Vor dem Hintergrund dieser Überzeugung kann natürlich auch die Lehre von der Vererbung charakterlicher Eigenschaften oder Begabungen eines Menschen nicht unwidersprochen bleiben. Das Auftauchen eines Genies ist nicht *Produkt* von Evolution, sondern die genetischen Voraussetzungen bieten diesem die Möglichkeit, in Erscheinung zu tre-

---

213) R. Steiner, TGW9, Wiederverkörperung, S. 62

ten. (214) Die Arbeitsgrundlage in Form der körperlichen Hülle erhält das zurückkehrende Geistwesen von den leiblichen Vorfahren, die geistig-seelischen Aspekte senkt es selbst aus der Geisteswelt in die neue Erdenhülle hinein. Diese Anschauung stützt viel eher die historischen Realitäten, die im Genie den Gipfel einer Entwicklungslinie findet und nicht umgekehrt. *„Wenn sich nämlich die persönlichen Gaben vererbten, so müßten sie am Anfang einer Blutsgenossenschaft stehen und sich dann von hier ausgehend auf die Nachkommen vererben. Da sie aber am Ende stehen, so ist das gerade ein Zeugnis dafür, daß sie sich* nicht *vererben."* (215)

Wenn das aus den geistigen Welten herabsteigende Individuum seine musikalischen Begabungen in eine neue Inkarnation einbringen will, dann wird es sich Eltern suchen, die ihm „ein musikalisches Ohr vererben" können. (216) Es gilt also sorgsam zwischen Ursache und Wirkung, zwischen Gesetzmäßigkeit und Freiheit zu unterscheiden, wobei der Freiheitsaspekt noch der Korrektur der „Herren des Karma" unterliegt. Begabungen dienen keinem Selbstzweck, sie erfüllen eine Aufgabe für den einzelnen – aber mehr noch für die Menschheitsfamilie. (217) Jedes Talent (man beachte das Gleichnis von der Mehrung der Talente!) stellt immer auch eine Verpflichtung dar.

Diese Be-gabungen können offensichtlich nur in Relation zur Reife des Individuums vergeben werden, denn geistige Macht darf nicht in unreife Hände gelangen.

---

214) Vgl. O. Hartmann, Der Mensch…, a.a.O., S.232: *„Weder die Tatsache der Wiederverkörperung noch die Tatsache der freien Selbstgestaltung unseres Schicksals stehen im Widerspruch zu den Gesetzen der Vererbung, vielmehr stützen und ergänzen sich beide auf das vollkommenste."*
Vgl. zur Frage der Zellbiologie aus anthroposophischer Sicht H. Witzenmann, Vererbung, a.a.O., S.64 ff.

215) R. Steiner, Geheimwissenschaft, S.95 /Vgl. auch Hermann Poppelbaum, Verkörperung und Wiederverkörperung, Dornach 1980[3], S.77 f.

216) R. Steiner, Offenb. d. Karma, S.115

217) Vgl. R. Steiner, Luzifer-Gnosis, Dornach 1960, S. 372

So kann es nicht verwundern, wenn die Geschichte nur *einen* Buddha und *einen* Christus gesehen hat. Göttliches Bewußtsein läßt sich nicht vererben.

XII. KAPITEL

KRANKHEIT UND LEID

„Das Böse wird dadurch überwunden, daß es zum Leid wird." Dieser Satz – aus dem „Notizbuch" von Simone Weil – spricht eine der tiefsten Wahrheiten des menschlichen Daseins aus und enthält eine noch nicht voll erschlossene geistige Dimension. Diese muß die reine Seele der unglücklichen Französin erspürt haben, wenn sie in Erläuterung des zitierten Satzes von der „Transsubstantiation der Energie" sprach. Bewußt wollte sie mit dieser Aussage an die sakramentale Ebene heranführen, die Tiefendimension des Karma andeuten, mag auch die Reinkarnationsidee keine prominente Rolle in ihrem Denken gespielt haben. Im Leid wird Karma zu Gnade, indem es transformiert werden *darf*, ohne daß dem Individuum der freie Wille genommen wird. Keiner der großen Denker übersah die verborgene Präsenz der Freiheitsidee im Karma-Gesetz. *„Karma ist kein Fatum!"* (218) Leiden entsteht aus dem Sich-Abwenden-von-Gott oder aus „Nichterkenntnis und Schicksalsblindheit", um mit den Worten K. O. Schmidts zu sprechen. Die so aus falschem Denken und Handeln resultierenden negativen Folgen bergen allerdings schon den Impuls zum Neuanfang und zum Aufstieg in ein erweitertes Bewußtsein.

Zur entstellenden Kritik an der Karma-Lehre zählt die immer wiederholte These von der Unbarmherzigkeit des strafenden Gottes. Hier wird vollständig die schlichte Faktizität eines kosmischen Gesetzes übersehen; genauso gut könnte man Gott we-

---

218) R. Steiner, Offenbarungen d. Karma, S. 163

gen der Schwerkraft anklagen, nur weil ein spielendes Kind aus dem Fenster nach unten fällt. Wenn schon der Ausdruck „Strafe" herangezogen werden soll, besser wäre es von „weiser Führung durch Ausgleich" zu sprechen, dann darf er nicht entstellend verwandt werden. *„Der Mensch wird* von *seinen Sünden bestraft, nicht* für *sie.* Das Karma belohnt nicht und straft nicht, es stellt lediglich die verlorengegangene Harmonie wieder her. Wer leidet, verdient sein Leiden, und wer Grund hat, sich zu freuen, erntet, wo er gesät hat.... Alle Dinge sind in ihrem Wesen gut, und das Leiden ist der Diener des Guten. Durch das, was wir in unendlich langsamen Schritten in unserem gewöhnlichen Leiden lernen, nähern wir uns dem *„weit entfernten, göttlichen Ereignis, zu dem hin sich die Schöpfung bewegt".* (219)
Die Existenz von Krankheit und Leid ist auf diesem Planeten zur Selbstverständlichkeit geworden, wird kaum noch hinterfragt. Daher gehört es sich, um der Wahrheit die Ehre zu geben, festzustellen, daß Leiden *keine* naturgesetzliche Bedingung für geistigen Fortschritt bildet. Nichts pervertierte die Idee eines liebenden Gottes oder eines weisen Allgeistes schlimmer, als die Lehre, Leiden sei ein unverzichtbarer Aspekt von Evolution. *„Da wir aber aus Eigenwillen dem Gesetze entgegenarbeiten und dadurch anderen Leiden schaffen, so steht uns sicherlich kein Recht zu, das große Gesetz des Universums zu schmähen und zu behaupten, es selbst ordnete die Dinge in so schlechter Weise, daß ohne Leiden kein Fortschritt möglich sei. Als eine Tatsache gilt es, daß wenn der Mensch nur will, er weit schneller Fortschritte machen kann, ohne daß er überhaupt leidet."* (220)Damit soll nicht abgestritten werden, wie O. J. Hartmann hervorhebt, daß der Mensch häufig mittels Leidens eine tiefgreifendere Wandlung zum Besseren erlebt als durch Phasen glücklichen In-den-Tag-Lebens. Doch kann

---

219) C. Humphreys, Karma u. Wiedergeburt, S. 40
220) C.W. Leadbeater, I. Leben II, S. 481

Selbstüberwindung auch in einer Vor-Leidens-Stufe verwirklicht werden. (221)
Karma ist die Offenbarung der göttlichen Gerechtigkeit. Niemandem würde auch nur ein Haar gekrümmt, wenn es gegen die Gerechtigkeit des Weltgeistes geschähe. Diese Überzeugung verführt gewohnheitsmäßig dazu, in der Zeit rückwärts zu schauen. Generell mag das korrekt sein, doch im Einzelfall kann ein Ereignis eher Ursache als Wirkung darstellen, so etwa wenn es einen Umdenkungsprozeß einzuleiten vermag. (222) Möglicherweise wird auch ein Ausgleich für ein ertragenes Leid erst in einer zukünftigen Inkarnation erfolgen, wie von der Anthroposophie angenommen (223), doch läßt dieser karmische Wechsel auf die Zukunft ein gewisses Unbehagen aufkommen. (224)
Die esoterische Philosopohie (225) beschreibt die Prozesse beim Aufbau karmischer Strukturen in allen Einzelheiten. Das sich reinkarnierende Individuum wird umgeben von einem Energie-Wirbel, in dem alle karmischen Elemente für die neue Erdenhülle enthalten sind. Der Mensch steht im Brennpunkt einer unglaublichen Fülle von Kraftströmen, die von ihm ausgingen und auf ihn zurückwirken. Unter der Führung hochentwikkelter Devas und der „Herren des Karma" vollzieht sich die Entwicklung des neuen Menschen, vom Embryo bis zum Greis. Dabei steht im Mittelpunkt allen Geschehens das freie Menschen-

---

221) Vgl. bei Hartmann, a.a.O., S.170 f.
222) Vgl. dazu Steiner, TGW 9, Wiederverkörperung, S.38, und G. Wachsmuth, Reinkarnation, S.281
223) *„Im Leben eines Menschen treten fortwährend Ereignisse auf, die mit seinem Verdienst oder seiner Schuld in der Vergangenheit durchaus nichts zu tun haben. Solche Ereignisse finden ihren karmischen Ausgleich* eben in der Zukunft." (Steiner, Luz.-Gnosis, S.363 und Offenbarungen d. K., S.162)
224) Gänzlich unsinnig und der Karma-Problematik in keiner Weise angemessen, sind dagegen Zeit-Spielereien wie jene von J. Martin Sorge, Reise gegen die Zeit, Genf 1980, S.129 ff.
225) Vgl. hierzu besonders A. Besant, Eine Studie über Karma, Düsseldorf 1926, und C. W. Leadbeater, I. Leben II, S.495 ff.

wesen, das mit Resultaten aus der Vergangenheit konfrontiert wird und neue Voraussetzungen für die Zukunft erbaut. (226)
Die *Tat* (die Sanskritwurzel von Karma (kṛ) bedeutet *tun, machen*) steht im Mittelpunkt des täglichen Lebens, sowohl aus aktiver (was verändere ich zum Guten) wie aus passiver Sicht (wie trage ich möglichst vollkommen das, was mir zugemessen wird.)
Aus diesem Grund weist G. Cerminara zutreffend auf die psychologische und soziale Komponente des Karma-Gedankens hin: „*Die Reinkarnationslehre ist in erster Linie psychologisch zu verstehen, weil sie sich mit der individuellen Seele und den Gesetzen und Bedingungen, durch die diese Seele Vollkommenheit erreichen kann, befaßt; doch in erweiterter Bedeutung ist sie auch sozial zu verstehen, weil* Liebe *der Endzweck und die einzige Auflösungsmöglichkeit des Karmagesetzes ist, wodurch die persönliche Höherentwicklung bestimmt wird.*" (227) Die immense Bedeutung dieses Zusammenhanges zwischen Liebe und Karma wird deutlich, wenn einzelne karmische Muster erklärt werden. Es wird unübersehbar sein, in welch gewaltigem Ausmaße Lieb-Losigkeit den entscheidenden Faktor für karmisches Leiden bildet.
Karma ist unauflöslich verbunden mit Charakter. Die Denk- und Wesensart einer Inkarnation wirkt prägend beim Aufbau der karmischen Atome für den nächsten Erdenkörper. Wenn der Mensch erkennen würde, in welch tiefgreifender Weise sein Denken, Fühlen und Wollen Einfluß auf sein Schicksal nimmt, sähe unsere Welt anders aus.
Nicht immer muß eine lieblose und hochmütige Geisteshaltung unmittelbar zu einer Krankheit führen, dies kann über Zwischenstufen geschehen. (228) Doch grundsätzlich dürfte die Be-

---

226) Vgl. eine ausführliche Erklärung hierzu in: P. Michel, Die Botschafter des Lichtes I, S.225 ff., und Sunrise, Theosophische Perspektiven, Heft 2/1984, S.59 ff.
227) Cerminara, a.a.O. S.131
228) Vgl. R. Steiner, Offenbarungen d. K., S.74

schreibung Steiners zutreffen, wonach *„ein Mensch, der in einem Leben schlechte Neigungen und Eigenschaften entwickelt hat, im nächsten Leben mit einem ungesunden physischen Körper geboren wird."* (229) Auch das völlige Desinteresse an bestimmten künstlerischen Qualitäten, scheint eine Disposition zu bestimmten körperlichen Erkrankungen zu verursachen. (230) Doch auch der gegenteilige Fall ist möglich. Ein sehr leiderfülltes Erdenleben kann sich so tief in die Seele einprägen, daß sie in der kommenden Inkarnation mit außerordentlichem sozialen Engagement zurückkehrt, um all das Unglück lindern zu helfen, das ihr selbst widerfuhr. (231)

Den Befürwortern der Reinkarnations- und Karma-Lehre wird gelegentlich vorgeworfen, die Menschheit könne gar nicht „so schlecht gewesen sein", um all das Leiden des 20. Jahrhunderts „verdient zu haben". Offensichtlich wird bei diesem Argument eine sehr beschönigende oder illusionäre und weltfremde Bewertung der gesellschaftlichen und allgemein menschlichen Realität zugrunde gelegt. *„Die Menschen gehen mit viel mehr Haß, als sie denken, eigentlich durch die Welt, wenigstens mit viel mehr Antipathie. Und es ist nun schon einmal so: Haß, er wird zunächst, weil er der Seele ja Befriedigung gibt, gewöhnlich gar nicht erlebt. Er wird zugedeckt durch die Befriedigung. Wenn er zurückkommt als Leid, das uns von außen zuströmt, dann wird eben das Leid bemerkt."* (232) Wieder wird deutlich, welchen selbst-erzieherischen Aspekt das Karma besitzt. Wenn nicht der Mensch durch einen 'überirdischen' (und willkürlichen!) Eingriff gewissermaßen komplett erneuert werden soll, bleibt als Alternative nur eine allmähliche Läuterung durch Ausgleich des

---

229) zit. bei Wachsmuth, a.a.O., S.207, Vgl. auch TGW9, Reinkarnation, S.121
230) Vgl. Wachsmuth, a.a.O., S.278 ff. und Michel, Botschafter I., S.232
231) Vgl. Wachsmuth, a.a.O., S.281
232) R. Steiner, Karma I, S.73
Vgl. in diesem Zusammenhang auch die Deutung des Krieges aus anthroposophischer Sicht bei O. J. Hartmann, a.a.O., S.168

selbst Verursachten. Nur die Karma-Lehre vermag die Freiheit des Einzelmenschen zu gewährleisten.
Es wird immer problematisch sein, da permanent die Gefahr einer Pauschalisierung gegeben ist, einzelne Krankheiten vor dem Hintergrund der Karma-Lehre zu deuten. Zudem läßt die Flexibilität des Karma im individuellen Fall Vorsicht geboten sein, um kein vorschnelles Urteil zu fällen. Menschliche Unreife mag allzugern aus maßloser Überheblichkeit mit dem Finger zeigen und Leid als verdiente Sühne ehemaliger Schlechtigkeit anprangern. Nichts pervertierte die Karma-Lehre in größerem Maße. Kein Karma hindert mich am hilfreichen Handeln! Wer Karma kommentiert, kennt seine Gründe nicht; wer sie kennt, kommentiert nicht. Karma kann freiwillig getragen werden; das Leiden kann der letzte Schritt einer großen Seele auf dem Weg zur Befreiung sein. Dies bleibt zu beachten, wenn man folgende Aufstellung studiert:

Krankheit	Karmische Ursache
Multiple Sklerose	Haß, Eifersucht, Selbstverachtung, Angst
Mongolismus	Rücksichtslosigkeit, Selbstsucht
Infektion	Gier, extremer Erwerbssinn
Organdeformation	Lügenhaftigkeit
Masern	Chronische Selbsttäuschung
Krebs	Kollektivschuld durch Schwarze Magie
Diphterie	Affekt-Handlungen
Verkrüppelung	Grausamkeit
Übergewicht durch Drüsenerkrankung	Spott gegen Korpulente
Epilepsie	Sexuelle Exzesse

(233)

Die tiefschürfendsten Erklärungen karmischer Gesetzmäßigkeiten erhielt die Engländerin H. K. Challoner von ihrem Lehrer. Er weist ausdrücklich auf die ausschließliche Eigenverantwortung des Menschen für sein karmisches Leiden hin. *„Jeder Mensch erbaut sich ja durch seine Gedanken und Handlungen in einem Leben die Körperhülle, die seinen Geist in der Zukunft beherbergen wird. Wenn er seine Körper-Organismen durch Exzesse jeder Art aussaugt, wird er mit jenen gleichen, fast verbrauchten Atomen wiederkehren und sie aufs neue aufbauen und entfalten müssen. So ist ein geschwächter Verstand meist das Resultat von mentaler Trägheit oder mißbrauchter Intelligenz im vorigen Leben; und die, welche ihre Körper durch Ausschweifung und Perversität schwächen, reinkarnieren sich meist verunstaltet oder epileptisch, krankheitsbeladen, mit Gehirnschäden, mit Willensschwäche und angeborenen Neigungen zu früheren Lastern, wodurch sie jene bösartigen Kräfte aus der Vergangenheit sogleich wieder aktivieren. Schon Eitelkeit wirkt schädlich auf das neue Vehikel.“* (234) Diese Erläuterungen enthalten nicht nur Aufschlüsse über das Karma-Gesetz, sie enthalten vor allem *Hinweise* über Wirkstrukturen. Es gelang zum Beispiel Edgar Cayce, zahlreiche Menschen zu heilen (präziser: ihre Selbstheilungskräfte zu aktivieren), indem er ihnen vor Augen führte, welches innerliche Fehlverhalten zu ihrer Krankheit geführt hatte.

Die vorstehend analysierten Karma-Faktoren beinhalteten grundsätzlich Charakterfehler, die sich negativ auf das Schicksal des einzelnen auswirkten. Zusätzlich, wenngleich natürlich un-

---

233) Vgl. zu dieser Aufstellung:
Steiner, Ursprungsimpulse, S.111 ff.
Hoffmeister, Inkarnation, S.44 ff.
Lytle W. Robinson, Rückschau und Prophezeihungen, München 1979, S.251 ff.
Cerminara, Zeugnisse, S.64 ff. und S.122 ff.
Challoner, Rad, S.249

234) Challoner, Rad, S.198 f.

trennbar verwoben in die Grundstruktur, gibt es einmalige Taten eines Menschen, die eine bestimmte karmische Wirkung hervorrufen. Von diesen soll im folgenden Abschnitt die Rede sein.
Cayce erschaute als Ursache für die Erblindung eines Professors dessen brutales Handeln im alten Persien. Er war Mitglied eines barbarischen Stammes gewesen, der seine Feinde mit glühenden Eisen blendete, und der Professor führte diese unmenschliche Tortur seinerzeit aus. (Cerminara, S.52)
Ein qualvoll sterbender junger Engländer schrie in den letzten Minuten seines Lebens, nachdem ihm in schrecklicher Vision der Grund seines Leidens vor Augen geführt worden war, er müsse auf diese furchtbare Art und Weise sterben, um für sein letztes Leben als KZ-Aufseher zu büssen. (235)
Kinderlähmung ließ sich auf eine Inkarnation zurückführen, in der der heutige Patient Menschen durch Drogen und Hypnose in willenlose Werkzeuge verwandelte (Cerminara, S.53)
Zu den schwerwiegendsten Vergehen gegen die göttlichen Gesetze zählt die Schwarze Magie. Sie steht nicht nur in ursächlichem Zusammenhang mit zahlreichen Krebserkrankungen, sie bildet auch den Hintergrund für die furchtbare Heimsuchung der Besessenheit (Cerminara, S.142). Hier bleibt nur zu hoffen, daß eine aufgeklärtere (im spirituellen Sinne!) Medizin und Psychotherapie geistigen Gesetzmäßigkeiten mehr Beachtung schenken wird.
Als Ursache für nahezu unerträgliche Schwermut und Einsamkeit stieß Cayce auf die Inkarnation einer Frau, die aus einer depressiven Stimmung heraus ihren Mann samt zweier Kinder verließ und sich das Leben nahm (Cerminara, S.154)
Gemeinsam verübte Grausamkeiten kehren häufig in Form eines gemeinsamen Schicksals wieder. So erschaute C. W. Leadbeater den Pöbel, der die große Philosophin Hypatia in Alexan-

---

235) Vgl. C. Toyne, Heirs. s. 81 f.

dria bestialisch ermordete, in einer späteren Reinkarnation in Armenien wiedergeboren, wo er unter türkischer Tyrannei selbst große Qualen zu erleiden hatte. (236) Die innere Bewegtheit, die einen großen Mystiker beim visionären Schauen karmischer Zusammenhänge erfaßt, wird deutlich aus einer Fallbeschreibung Leadbeaters. *„Ich selbst sah einen Fall, in dem eine große Seele, die in einer Umgebung ohne Verständnis für sie geboren ward, in ihrer Jugend einem rohen und moralisch untauglichen Pädagogen in die Hände fiel und von ihm in schamloser Weise mißhandelt wurde. Es war mir gleichfalls erlaubt, einen Blick auf das Karma zu tun, das jener Grausamkeit folgen wird, und ein Schauder überfällt mich, wenn ich nur daran denke. Auf jenen Elenden finden in Wahrheit die dem Christus zugeschriebenen Worte Anwendung, der sagte, „ehe er einem von diesen Kleinen Schaden zufügte, wäre es besser für ihn, daß ein Mühlstein um seinen Hals gehängt wäre, und man ihn im Meere ertränkt hätte, da, wo es am tiefsten ist“*.(237)

Zu den schwierigsten karmischen Zusammenhängen zählen die Ereignisse bei großen Katastrophen, Vulkanausbrüchen, Erdbeben, Flugzeugabstürzen oder ähnlichem. Hier können möglicherweise keine *unmittelbaren* Ursachen im Karma des einzelnen ausfindig gemacht werden. Die Menschen, die jene Form eines gewaltsamen Todes erleiden, müssen möglicherweise keine kausale 'Schuld' ausgleichen, *„es gehört aber zum Karma der betreffenden Menschen, daß sie diesen Untergang erleiden.“* (238) Steiner sieht solche dramatischen Geschehnisse vor allem unter dem Gesichtspunkt einer inneren Erweckung (239), die im Opfer zu einer tiefgreifenden geistigen Wandlung führt, welche sich letztlich segensreich auswirkt. Weitgehend unerforscht ist im

---

236) Vgl. Leadbeater, I. Leben II., S. 515
237) ebd. S.516
238) Steiner, Ursprungsimpulse, S.40
239) Vgl. auch Hartmann, a.a.O., S.198 f.

Fall großer Katastrophen die Frage des Hintergrundes. Welche Gesetzmäßigkeiten wirken, etwa im Sinne eines karmischen Verschuldens gegen die Lebensform Erde, beim Ausbruch eines Vulkans oder eines Erdbebens? Offensichtlich muß hier ein Fehlverhalten der Gattung Mensch, ein Mißbrauch seiner Fähigkeiten und Möglichkeiten vorliegen, der dazu führt, daß die Erde reagiert. Die Naturgesetze stehen nicht gewissermaßen außerhalb der karmischen Gesetze, sie unterliegen ihnen. Der Mensch muß daher in verstärktem Maße lernen, die Gesetze im Umgang mit der Natur zu verstehen. Die Umweltkrise des ausgehenden 20. Jahrhunderts ist das Resultat eines ökologischen Karmas. Dies wird sich nur auflösen lassen, wenn vor allem Chemiker, Physiker und Biologen lernen, ihre Intuition zu entwickeln. Welche Möglichkeiten sich bei einer veränderten Einstellung zur Natur ergeben, zeigt das Beispiel des Findhorn-Gartens in Schottland.

Dieser Ausflug in eine globale Dimension soll nicht in Vergessenheit geraten lassen, daß auch der Tod einer größeren Anzahl von Menschen eine gemeinsame karmische Grundlage aufweisen kann. F. A. Newhouse führte als mögliche Erklärung für den Tod einer größeren Menschenmenge anläßlich einer Brandkatastrophe die gemeinsame Teilnahme an einem grausamen Spektakel in fernen Zeiten an. *„Der Tod durch derartige Geschehnisse ist in der Regel das Ergebnis früherer Grausamkeit, häufig seelischer Natur. Diese 500 Brandopfer können in einer römischen Arena gesessen haben, das Sterben christlicher Märtyrer bejubelnd. Möglicherweise haben sie sich auch zusammengerottet, um eine Frau als Hexe brennen zu lassen. Wer je in diese Art von Grausamkeit verwickelt war oder sie anregte, wird selbst eine Form gewaltsamen Todes erleiden müssen.“* (240) Richtet nicht, auf daß ihr nicht gerichtet werdet, denn mit dem Maß, mit dem

---

240) Vgl. P. Michel, Botschafter II, S. 253

ihr richtet, wird man auch euch richten! Unter Beachtung der Karma-Lehre erhält dieses Bibelwort eine neue Dimension.
Eine nicht unbeträchtliche Zahl von Patienten, die sich einer Rückführungstherapie unterzogen, wählten diesen Weg nicht aus der Neugierde des „Wer-warst-du-denn-einst-Spieles". Sie litten in der Regel an tiefgreifenden seelischen Problemen, die auf traumatische Ereignisse in der Vergangenheit zurückzuführen waren.
Willistone/ Johnstone und Baldur Ebertin schildern aus ihrer Praxisarbeit einige beeindruckende Fälle, die hier zu referieren allerdings nicht möglich ist. (241) Wie schwierig sich die Aufarbeitung solcher tiefsitzender Traumata erweisen kann, zeigt der Fall von Joan Grant, die zahllose Anstrengungen unternehmen mußte, um sich von einer Schlangenphobie (resultierend aus einem tödlichen Biß in der Vergangenheit) und der Angst vor dem Eintauchen ins Wasser (resultierend aus einem tödlichen Sturz beim Sprung in ein Gewässer) zu befreien. (242) Nur eine Konfrontation mit der traumatischen Situation in der Vergangenheit scheint eine Lösung zu bieten. *„Wir lassen den Patienten in jene Situation regredieren, in der er selbst die Ursache für die später folgende Leidenskette setzte und den Inhalt für die später eingelösten Formen legte."* (243) Dabei kann es sich um ein Verschulden gegenüber Dritten oder um ein Erleiden aufgrund eines Verschuldens Dritter handeln. Im ersten Fall bedarf es eines gemeinsamen Bemühens, um alte karmische Bande aufzulösen; im zweiten Beispiel gehört zum Verstehen des Traumas die Bereitschaft zum Verzeihen. Alle Faktoren zusammen werden den Weg für einen neuen – gesunden und liebevollen – Anfang freimachen.

---

241) Vgl. dazu: Willistone/ Johnstone, a.a.O., S.90 ff. und Baldur R. Ebertin, Reinkarnation und neues Bewußtsein, Freiburg 1987, S.19 ff.
242) Vgl. Grant/ Kelsey, Wiedergeburt, S.82 ff.
243) Dethlefsen, Schicksal, S.229

Dieses Kapitel über die Schattenseiten des Karmas darf nicht geschlossen werden, ohne auf das wundervolle Wirken einzelner großer Seelen einzugehen. Es handelt sich um das freiwillige Aufsichnehmen von karmischer Schuld. Die östliche Philosophie kennt dieses geheimnisvolle Geschehen unter der Bezeichnung „ein Meister verbrennt das Karma seines Schülers"; d.h. eine hochentwickelte Seele nimmt einem Jünger oder Schüler einen Teil seiner karmischen Lasten ab und trägt sie selbst. Dieses Opfer soll auch im Zusammenhang mit „vergifteter Astral- und Mentalmaterie" aus ferner Vergangenheit erbracht werden. *„Manche höherentwickelten Egos entschlossen sich sogar freiwillig, solche Materie in ihre eigenen Körper zur Umwandlung aufzunehmen und opfern sich so für die Allgemeinheit und deren Wohl."* (244) Der Lehrer von H. K. Challoner bezieht sich in diesem Beispiel auf die Krebs-Erkrankung, und erneut gilt es hervorzuheben, daß ein Urteilen über ein Leiden seitens Unwissender sich als gänzlich unberechtigt erweisen kann.
Zu den bekanntesten Beispielen eines stellvertretenden „Sühneleidens" zählen die 'Erkrankungen' eines Ramakrishna, einer Katharina von Emmerich oder des Pater Pio. (245) Aus Liebe zu ihren Mitbrüdern und Schwestern nahmen sie einen Teil von deren Leiden auf sich, und die Gnade Gottes gab ihnen die Kraft, es zu tragen.

---

244) Challoner, Rad, S.249
245) Vgl. auch Passian, a.a.O., S.81

XIII. KAPITEL

BEGABUNGEN UND CHARAKTER

Der wohl größte Trugschluß, dem auch Befürworter des Karma-Gedankens unterliegen, zeigt sich in der generell negativen Bewertung des Wortes *Karma* an sich. Man erleidet einen Unfall, eine geliebte Person stirbt, die Geschäfte gehen plötzlich schlecht – weil man ein übles Karma besitzt. Diese Interpretation dürfte neunzig Prozent aller Fälle erfassen, in denen von Karma gesprochen wird. Karma ist gleichbedeutend mit Leid und Unglück. Vielleicht vollzieht sich durch eine leidvolle Erfahrung eine tiefe Zäsur im Leben des Menschen, weshalb das jeweilige Geschehen tiefere Spuren im Gedächtnis hinterläßt. Hingegen nimmt man glückliche Stunden oder vielfältige Begabungen als selbstverständlich hin. Damit entstellt man die Karma-Idee in eben dem Maße, als man alle seine positiven Aspekte vernachlässigt. Kein Genie hätte die Welt betreten können, würde seine Seele nicht über viele Erdenleben alle gesammelten Erfahrungen aufbewahren. Ein Kopernikus, Mozart oder Goethe lassen sich überhaupt nicht erklären, außer durch göttliche Willkür, wenn man nicht die Karma-Lehre zur Hilfe nimmt. In vielen Erdenleben (246), mühsam um Erkenntnis ringend, bereiten sich die großen Geister der Menschheit für ihre Aufgaben vor – und in ihrer Erfüllung reifen sie zu neuer, erwei-

246) Nach anthroposophischer Sicht werden viele Begabungen auch in jenseitigen Welten erworben. Vgl. Wachsmuth, a.a.O., S.131 f.

terter Verantwortung heran. Dabei kreuzen sich die Schicksalslinien zwischen Menschheits- und individuellem Karma; denn eine epochale Erfindung tangiert selbstverständlich nicht nur das Schicksal des einzelnen – man denke an die Entwicklung der Glühbirne oder der Atombombe. Hier erfüllen sich karmische Schulden oder karmische Guthaben. (247)
Grundsätzlich wird in der Karma-Lehre von einer Weiterentwicklung erworbener Fähigkeiten ausgegangen, wie vorstehend dargelegt. Die einzige Ausnahme stellt die anthroposophische Auffassung dar. Steiner ging davon aus, daß ein einmal beherrschtes Sachgebiet in der folgenden Inkarnation überhaupt keine Rolle mehr spielt. *„Leute zum Beispiel, die in vorhergehenden Inkarnation gute Rechner, gute Mathematiker waren, treten in der gegenwärtigen Inkarnation so auf, daß sie gar keine Begabung für Mathematik zeigen, daß ihnen die mathematische Begabung fehlt.“* (248) Zur Erhärtung seiner Mutmaßung führt er das Beispiel von Griechisch lernenden Gymnasiasten an: *„Denn während es ganz klar ist, daß eine ganze Anzahl von Gymnasiasten der Gegenwart inkarniert war im alten Griechenland, wird keinem das Griechischlernen dadurch leichter gemacht, daß er sich erinnern kann, wie er das Griechisch in seiner früheren Inkarnation gesprochen hat.“* (249) Diese Darlegungen wurden von den Erfahrungen der nachfolgenden sechzig Jahre nicht bestätigt. Es hat im Gegenteil den Anschein, als ob alte Neigungen prägend wirken in der Berufswahl, im Erlernen einer Sprache, beim Reisen oder in der Sympathie für bestimmte Kulturen. Offensichtlich bewahrt die Seele einmal erlerntes Wissen sowie erworbene Fähigkeiten auf, um sie im erforderlichen Moment dem physischen Gehirn zugänglich zu machen. Es ist schwer

---

247) Über positive karmische Strukturen im einzelnen handelt Max Hoffmeister, Vorbereitung, S.44 ff.
248) Steiner, Wiederverkörperung u. Karma, S.74
249) ebd., S.91

vorstellbar, obwohl von Steiner so kolportiert, daß Platon im Philosophie-Unterricht eines Berliner Gymnasiums sitzt und kein Wort von platonischer Philosophie versteht.
Die Karma-Lehre verführt nicht zu einer Haltung des Laisser-faire. Eine Einstellung des *„das kann ich ja noch im nächsten Leben erledigen“* trifft nicht das Wesen des Karma-Gesetzes. Karma ruft immer zur Tat auf. Auch Unterlassung von Hilfeleistungen oder generelle Passivität führt zu wenig erstrebenswerten karmischen Konsequenzen. Annie Besant faßt den Grundgedanken von positivem und negativem Karma einmal in wenigen Worten für den einfachen Menschen zusammen: *„Ganz allgemein kann man sagen, die günstige oder ungünstige Natur der physischen Umgebung, in die wir geboren werden, hängt davon ab, ob unsere früheren Handlungen anderen Menschen Freude oder Leid gebracht haben. Was wir anderen physisch Gutes oder Schlechtes getan haben, wirkt sich in der Gunst oder Ungunst unserer physischen Umgebung im kommenden Leben aus. Haben wir andere körperlich glücklich gemacht, indem wir von unserem Reichtum oder unserer Zeit opferten, und es uns Mühe kosten ließen, dann bringt uns das günstige irdische Verhältnisse, die zu physischem Wohlergehen führen. Haben wir hingegen auf der physischen Ebene viel Elend unter den Menschen verursacht, dann werden die karmischen Folgen elende physische Zustände sein, die zu körperlichem Leid führen. Diese Wirkung tritt ein, gleichgültig was unser Beweggrund gewesen sein mag.“* (250)
Betrachten wir den Aufbau eines Körpers von der Phase des Kleinkindes an. Leadbeater schildert die Aura als noch weitgehend farblos. Die höheren Körper enthalten die Elemente (die esoterische Philosophie spricht von „permanenten Atomen“ (251)), die dem 'karmischen Haushalt' des reinkarnierenden Individuums entsprechen. Verläuft die Entwicklung in den ersten

---

250) A. Besant, Uralte Weisheit, S.190
251) Vgl. Michel, Botschafter I, S.98 ff.

Jahren ohne sonderliche Bemühungen, so wird das Karma-Gesetz in absoluter Gerechtigkeit zur Verwirklichung kommen und eine Individualität gemäß dem vorhandenen Karma aufbauen. Das "karmische Material" wird vollständig eingearbeitet. Doch – und hier spielen Gnade und Freiheit wohl eine entscheidende Rolle – dieser Prozeß ist beeinflußbar. Es *„ist kein Grund dafür da, warum das ganze Material verbraucht werden sollte, und wenn das Kind weise behandelt und vernünftig geleitet wird, so ermutigt man es, nur die guten Keime, die es aus seinem früheren Leben herüberbrachte, zur vollen Entwicklung zu bringen, während es die bösen Keime schlummern läßt. Bei solchem Verfahren verkümmern diese letzteren allmählich und fallen schließlich ganz ab, und das Ego entfaltet in ihm die entgegengesetzten Tugenden, so daß der betreffende Mensch für alle seine zukünftigen Leben die bösen Eigenschaften, auf die jene Keime hindeuteten, abgestreift hat."* (252) Zum wiederholten Male wird deutlich, daß alle Möglichkeiten zur Umwandlung (zielt hierauf nicht die neutestamentliche „Buße" ab?) in der Freiheit des einzelnen liegen. (253) Liebe und Hingabe, der Dienst am Nächsten und die Mitarbeit am Aufbau einer neuen Gemeinschaft der Menschen bieten alle Möglichkeiten, alte Schatten abzustreifen oder zu

---

252) C. Leadbeater, I.Leben II, S.438

253) Vgl. in diesem Zusammenhang die 'göttliche Stimme' in dem außergewöhnlichen Juwel mystischer Literatur „Das Tor zur Unendlichkeit": *„Ich habe versucht, dir zu sagen, daß Ich Sünden augenblicklich verzeihe, die vielen Folgen falschen Denkens aufhebe, dich durch jenes „Tor" im Verstand leite und dich mit anderen im Schatten meiner schützenden Arme versammle, sobald du deine Hand ausstreckst und mich wissen läßt, daß du bereit bist. Wäre dies nicht wahr, so wäre Jesus gezwungen gewesen, sich von vielen ihm vertrauenden Seelen abzuwenden, die zu ihm kamen und glaubten, er könne ihnen helfen. Wahrscheinlich hätte er dann Maria Magdalena etwa folgendes gesagt: „Es tut mir leid, Maria, aber du bist wirklich ein lüsternes Weib. Du wirst früher oder später etwas ernten müssen, was du gesät hast. Laß dich halt steinigen und bringe es hinter dich."*
Natürlich sprach er nicht so. Er kannte genau meinen Willen und meine Macht, alle in Aktion befindlichen unvollkommenen Kräfte aufzuheben. Wohl wußte er, daß Maria meine geliebte Tochter war, und ich nur darauf wartete, sie weiß wie Schnee zu machen, obwohl ihre Sünden wie Scharlach waren." (Ruby Nelson, Das Tor zur Unendlichkeit, Grafing 1986, S.24 f.)

durchlichten. Die göttliche Gnade fließt gleich einem goldenen Strom unaufhörlich, doch hält der Mensch den Grals-Kelch seiner Seele verschlossen, wird er die himmlische Gabe nicht zu empfangen vermögen.
Ebenso ruft jedes Talent und jede Begabung auf, als Verpflichtung zum Weiterschenken und zur Teilhabe verstanden zu werden – nicht als Selbstzweck. Denn, wem viel gegeben wird, der wird auch selbst viel zu geben haben. Zudem wird er Prüfungen standzuhalten haben, in denen er seine Reife unter Beweis zu stellen hat, *„denn das URGESETZ verlangt: Wenn jemandem eine Gelegenheit zum Gebrauch früherer, starker Fähigkeiten gegeben wird, werden gleichzeitig alle Kräfte der Vergeltung gelöst, die mit jener Vergangenheit verknüpft waren.“* (254) Der Charakter offenbart wahrhaft die Seelenreife eines Menschen. Sie wird immer aufleuchten, ob an der Werkbank oder im Parlament, auf dem Sportplatz oder auf der Opernbühne. Begabung wird vom Karma eingeräumt, aber sie stellt auch eine Bewährungsprobe dar. Charakter ist stets selbst Errungenes, die Frucht der Bemühungen vieler Leben. Er stellt das höchste Gut dar – und ein reiner Charakter gestaltet sein Karma, nicht das Karma ihn.

---

254) Challoner, Rad, S.96

XIV. KAPITEL

ETHIK

Die Karma-Lehre findet Befürworter und Gegner, beide mögen mehr oder weniger schlüssige Argumente zur Erläuterung ihrer Anschauungen vorzulegen haben. Eines wird allerdings selbst der entschiedenste Kritiker der Reinkarnations-Philosophie nicht vorwerfen können – sie besäße keine Ethik. Keine andere metaphysische Lehre weist so unmißverständlich auf die Einheit aller Lebewesen hin und ruft zur selbstlos-liebevollen Tat auf. Das christliche Liebesgebot enthält in der Karma-Idee eine überzeugende Untermauerung, deren es zwar um seiner eigenen Schönheit willen nicht unbedingt bedarf, die dem Gebot der Nächstenliebe jedoch eine neue inhaltliche Dimension verleiht. Der Begriff des *Nächsten* gewinnt eine unerwartet umfassende Fülle und erstreckt sich in letzter Konsequenz auf die gesamte Schöpfung. Ein Mensch, der in seinem geistigen Wesenskern die Einheit des Lebens erkennt, wird nicht dem Irrtum unterliegen, *„auch nur eine einzige Person zu verletzen; ganz im Gegenteil, er wird darin einen starken Beweggrund sehen, ein altruistisches Verhalten an den Tag zu legen. Er ist sich der Tatsache bewußt, daß er sich letzten Endes selbst verletzt, wenn er andere verletzt; denn das unfehlbare Gesetz der Vergeltung bringt ihm entweder die Schmerzen oder aber den Segen zurück, welchen er anderen zuteil hat werden lassen. Seine Sympathie mit allen Lebewesen, ob menschlicher oder nichtmenschlicher Natur, ist so total, daß er darauf bedacht ist, keinem von ihnen Leid zuzufügen; ganz im Gegenteil, er freut sich, ihr Wohlergehen zu verbessern.*

Diese Haltung entspringt einem Wissen um die Realität der zugrundeliegenden Einheit des Lebens." (255)
Die Erfahrungen eines vergangenen Erdenlebens in anderen Kulturbereichen oder religiösen Welten, führte alle Menschen, denen dieses Erleben zuteil wurde, zu einer veränderten Sicht der Gesamtmenschheit. Die Rückschau auf eine in ferne Vergangenheit reichende Entwicklungslinie ließ den einzelnen erkennen, daß er mit einer zahllosen Schar von Wesen verwandt oder in Freundschaft verbunden war. *„Wir können darum jedem Wesen, dem wir begegnen, nur mit Liebe, Güte und Hilfsbereitschaft entgegentreten. Jeder kann unser Bruder gewesen sein; jeder kann es werden; jeder* ist *heute und in alle Ewigkeit unser Bruder.*" (256) Diese Erkenntnis schenkende Rückschau wird in einer Vorausschau zur ethischen Verpflichtung, sei es auch nur um des Wunsches nach einer glücklichen Zukunft willen. *„Da wir, vorwärts blickend, nicht mit Sicherheit voraussehen können, in welchem Land und Volk wir im nächsten Dasein wiederverkörpert werden, werden wir danach streben, daß überall auf der Erde Verhältnisse geschaffen werden, wie wir sie bei unserer Wiederkehr anzutreffen wünschen.*" (257) Hier finden wir noch nicht die höchste Ausprägung der Karma-Ethik, doch angesichts eines gegenwärtig herrschenden skrupellosen Nationalismus bildete diese Einsicht, umgesetzt in allgemein verbindliche Weltpolitik, schon einen gewaltigen Schritt vorwärts.
In ethischer Hinsicht läßt sich auch nicht differenzieren zwischen Ost und West, was in Detail-Fragen der Karma-Lehre sonst möglich ist. Helmuth von Glasenapp beschrieb daher schon in seiner bedeutenden Arbeit über die Lehre des Buddha unmißverständlich: *„Es ist der große Vorteil der Reinkarnationstheorie, daß sie, als gedankliches Experiment verwendet, die der*

---

255) Paul Brunton, Karma – Kette von Ursache und Wirkung, Freiburg 1986, S.86
256) K. O. Schmidt, Totenbuch II, S.357
257) ebd., S.356

rücksichtslosen und folgerichtigen Anwendung sittlicher Grundsätze entgegenstehenden Vorurteile beseitigt und nur die Forderungen der reinen Moral unbeschränkt gelten läßt. Für den Buddha gibt es daher keine Scheidung der Menschen nach Volkstum, Glauben und Kaste, sondern nur eine solche nach ihren moralischen Qualitäten.“ (258) Von dieser Klarheit hat auch die Karma-Lehre der esoterischen Philosophie des 20. Jahrhunderts nichts verloren. Gerade diese weltumspannende interreligiöse Dimension fehlt dem orthodoxen Christentum vollständig. Die Idee, in einem Erdenleben, ungeachtet aller Chancen-*Un*gleichheit, zwischen Himmel und Hölle wählen zu müssen, führt zu grotesken Verzerrungen, wenn nicht gar, wie Hans Torwesten schreibt, *„zu einer Torschlußpanik; und wiederum zu einer Unduldsamkeit gegenüber anderen, die man nur noch als* Bekehrungsmaterial *betrachtet, das man um jeden Preis „retten“ muß – und sei es durch Folter und Scheiterhaufen.“* (259) Die historische Wirklichkeit (zwischen Augustins Donatistenmord und jahrhundertelanger Hexenverbrennung) des Kirchen-Christentums dürfte in Torwestens Worten treffend charakterisiert sein. Ein säkularisiertes Christentum des Atomzeitalters, dem die Angst vor der Hölle (was begrüßenswert ist) weitgehend verlorengegangen ist, bereitet auch das Übertreten der „Du-sollst-nicht“-Gebote keine sonderlichen Gewissensbisse, weshalb Torwesten im Fortgang seiner Argumentation zurecht eine innere Leere in der christlichen Religion konstatiert. *„Da aber die Hölle für die meisten heute viel von ihrem alten Glanz eingebüßt hat und da andererseits die Idee der Verwirklichung und Erleuchtung, die so typisch für den Osten ist, im Christentum weitgehend fehlt, so weiß der Christ oft nicht mehr so recht, warum er eigentlich „nicht soll“. Um Gott nicht zu „beleidigen“? Auch diese Vor-*

258) Glasenapp, Weisheit d. Buddha, a.a.O., S.73
259) Torwesten, a.a.O., S.64

stellung von einem ständig erzürnten und beleidigten Gott ist wohl im Schwinden begriffen. Und so entsteht ein Vakuum, das allenfalls noch mit sozialer Tätigkeit gefüllt werden kann. Gegen diese ist natürlich nichts einzuwenden, aber die Antworten auf die letzten *Fragen kann uns auch ein solches Tun nicht geben.*" (260)
Es verwundert daher nicht, wenn selbst renommierte Theologen ein Defizit in eschatologischen Fragen einräumen. Hier könnte die Karma-Lehre neue Lebensenergien freisetzen, denn *„das Karmagesetz ist nicht für sentimental Brütende, sondern ist ein Gesetz der Tat, das uns stark macht, das uns Mut und Hoffnung gibt.*" (261)
Wie Rudolf Steiner hebt auch Annie Besant die Notwendigkeit der Tat hervor. Passivität und Fatalismus kennzeichnen in ihren Augen das eklatante Mißverstehen des Karma-Gesetzes. *„Es ist vielleicht gut, hier die Bemerkung einzufügen, daß in der Theosophie nur halb Bewanderte nicht davor zurückscheuen sollten, einem Freund alle Gedankenhilfe zu geben, deren sie fähig sind, aus Furcht, „sich in dessen Karma einzumengen". Man überlasse es ruhig dem Karma, für sich selbst zu sorgen, und fürchte sich nicht mehr, sich ins Karma einzumengen, als man sich fürchte, sich in das Gesetz der Schwerkraft einzumengen. Wenn er einem Freund helfen kann, soll er dies unbesorgt tun und sich darauf verlassen, daß, wenn er ihm helfen kann, diese Hilfe eben im Karma seines Freundes liegt, und daß er in diesem Fall der glückliche Vollstrecker des Gesetzes ist.*" (262)

---

260) ebd., S.64 f.
261) R. Steiner, Menschheitsentwicklung u. Chr., S.80
262) A. Besant, Das Denkvermögen, Graz 1979, S.122
Vgl. auch Leadbeater, I.Leben II., S.493: *„Unsere Pflicht besteht darin, so viel Gutes zu tun, wie uns irgend möglich ist und nach jeder Richtung so hilfreich zu sein, wie es in unserer Macht steht; es braucht uns dann nicht die Furcht zu verfolgen, daß wir bei solchem Tun in das Werk der großen karmischen Gottheiten eingreifen, die sicherlich vollkommen fähig sind, ihre Aufgaben mit absoluter Genauigkeit zu vollbringen, ohne daß unser Tun dabei auch nur die geringste Rolle spielt."*
Ebenso R. Steiner, Ursprungsimpulse 306: *„Das Karma sagt im Gegenteil : Hilf dem, der leidet, denn du bist da, um ihm zu helfen. Du verstößt nicht gegen die karmische Notwendigkeit, indem du deinen Mitmenschen hilfst."*

Die Dymanik des Karma, dessen Gesamtgefüge in jedem Augenblick neu gebildet wird, läßt nicht zu, es als „unvermeidliches Geschick“ oder „zermalmende, erdrückende Gewalt“ zu deuten. Vielmehr handelt es sich um ein *„Zusammenfassen, ein Festsetzen von Verhältnissen und Bedingungen, aus welchen unabänderliche Resultate hervorgehen.“* (263) Jede Handlung verändert diese Zusammensetzung des karmischen Gewebes, führt zu neuen Resultaten. Menschliches Leben vollzieht sich in der Polarität von Ergebnissen, die aus Vergangenem entstanden sind, und Auswirkungen, die in der Gegenwart, auf der Grundlage der Ergebnisse aufbauend, neu initiiert werden.

Die Anerkennung des Karma-Gesetzes darf niemals zur Verweigerung der tätigen Hilfe führen. Annie Besant verdeutlicht dies anschaulich in der Episode über einen Deva, der seinen Menschenschützling zur Hilfe für einen notleidenden Mitmenschen inspirieren will. *„Wenn ein Deva sie zu dem Platz führt, wo ihr Bruder verschmachtet, so geschieht dies, weil er sie zum Werkzeug seines Wohlwollens für den Menschen benutzen will, dessen schlimmes Karma gerade jetzt durch seine Leiden erschöpft, ausgeglichen ist... Wenn sie sich aber dem Gott (Deva)verweigern, wenn sie geblendet durch Unwissenheit oder Gleichgültigkeit sich abwenden und seine Botschaft dem Bruder nicht überbringen wollen, so wird deshalb sein Tun nicht durchkreuzt, er wird ein anderes Werkzeug finden oder als letztes Mittel wird er selbst es tun und in den Augen der Blinden ein „Wunder“ tun, damit die Absicht Gottes (Deva) erreicht wird. Aber die, welche sich geweigert haben, als Werkzeug zu dienen, die abgelehnt haben, als Botschafter zu wirken, die haben sich selbst das Karma bereitet, daß auch sie keine Hilfe finden, wenn später einmal die Stunde ihrer eigenen Not schlägt... Doch sie könnten sagen, es ist nicht sicher, daß des Menschen Karma erledigt ist, wenn ich ihn treffe; das ist*

---

263) A. Besant, Studie über Karma, S.21

nicht ihre Sache." (264) Versteht man den Karma-Gedanken in seiner Tiefe, dann wird deutlich, warum eine vollständige Einsicht in karmische Strukturen für den einzelnen überhaupt nicht erforderlich ist; *„denn zur Erkenntnis des Karma gehört, daß man weiß, es geht einen das Karma des anderen gar nichts an. Ihm helfen, das ist allein unsere Aufgabe.*" (265) Wenn man weiß, mich verbindet mit zahllosen Menschen ein Band aus ferner Zeit, manchmal ein freundschaftliches, manchmal ein feindliches, *„dann gibt es für mich nur* eine *Möglichkeit, nämlich die, daß ich* jedem Wesen mit Liebe begegne". (266) Nur durch Liebe und Güte werde ich in der Lage sein, alte Disharmonien in Harmonie zu verwandeln.

Die grundsätzlichen Erörterungen der ethischen Grundlage der Karma-Lehre bedürfen zu ihrer Vervollständigung einiger wichtiger Ergänzungen. Im Verlauf dieses Werkes klang schon verschiedentlich an, daß eine Verurteilung oder Bewertung eines leidenden Mitmenschen uneingeschränkt abzulehnen ist. Gerade diejenigen unreifen Personen, die sich zu solchen unangemessenen Äußerungen versteigen, übersehen die Vielfältigkeit des Karma-Gesetzes. Sie lassen außer acht, welche Wege möglicherweise ein an einem schweren Schicksal tragender Mitmensch schon zurückgelegt hat. *„Er* kann *eine große Seele sein, die jetzt in einer bescheidenen Verkleidung begangene Fehler büßt.*" (267) Auch der Aspekt des stellvertretenden Sühneleidens wurde schon angesprochen. Es kann im Zusammenhang mit dem Karma-Gesetz nur heißen: Bewertet nicht und richtet nicht!

Ein weiterer, menschheitsgeschichtlich der vielleicht bedeutendste Komplex, zu dem die Karma-Philosophie Stellung bezo-

---

264) dies., Die Entwicklung des Lebens und der Form, Berlin 1902, S. 84 f.
265) R. Steiner, Moral und Karma, in : Beiträge zur R. S. Gesamtausgabe, Dornach 1974, S.6
266) K. O. Schmidt, Totenbuch II., S.105
267) Challoner, Rad, S.142

gen hat, betrifft die Frage der Gewaltlosigkeit. Es sei hier gleich vorweg bekannt, daß auch die esoterische Philosophie in der Pazifismus-Diskussion zu keiner einheitlichen Antwort gefunden hat. Daher soll hier gar nicht erst der Versuch zu einem neuen Lösungsvorschlag unternommen werden; sondern einer der großen Europäer, Paul Brunton, der die östliche Weisheit in den Tiefen erforschte, soll mit einigen bemerkenswerten, vermittelnden Gedanken zu Wort kommen. Brunton schildert in seinem Werk „Karma – Kette von Ursache und Wirkung“ die Geschichte einer größeren Zahl von Quäkern, die nach West-Afrika emigrierten, um die Republik Liberia zu gründen. Sie reisten unbewaffnet und erklärten öffentlich, sich ganz dem Schutz Gottes anvertrauen zu wollen. Die Geschichte schrieb ein furchtbares Kapitel – sie wurden bis auf den letzten Mann ermordet! Dieses und ähnliche historische Ereignisse ließen Brunton zu einer sehr differenzierenden Stellungnahme bezüglich der Fragen zur Gewaltlosigkeit finden. *„Der Weise akzeptiert die mystische Doktrin der Gewaltlosigkeit aus verschiedenen philosophischen Gründen nicht. Sein praktischer Hintergrund ist jedoch darin zu sehen, daß er den, der Unrecht begeht, nicht in seinem Unrecht zu bestärken wünscht, daß er letzterem weder den Weg ebnen und ihn auf diese Art zum Bösen ermuntern möchte, noch dessen Partei zu ergreifen gedenkt. Eine lammfromme Unterwürfigkeit unter den Willen eines Angreifers veranlaßt den Aggressor zu der Meinung, daß sich seine Methoden bezahlt machen, während ein fest entschlossener Widerstand dessen moralisches Absinken drosselt, Zweifel aufkommen läßt und im Falle einer Bestrafung sogar als eine Quelle der Belehrung dient.“*(268) Ähnlich äußerte sich in einem Gespräch mit dem Verfasser Flower A. Newhouse. Sie führte im Anschluß an eine Unterhaltung über Gandhis Ahimsa-Bewegung an, er habe nur unter

268) Brunton, a.a.O., S. 77

einem Volk wie den Engländern erfolgreich sein können, deren Gewissen er anzusprechen vermocht habe. Unter Hitler oder Stalin, so F. A. Newhouse, wäre er in kürzester Zeit in einem KZ oder Arbeitslager liquidiert worden. Dieses Schicksal mag, als Mystiker, seiner Bestimmung entsprochen haben und von ihm zurecht erwählt worden sein, es kann aber nicht zu einem allgemeinen Gesetz erhoben werden. *„Es ist die Pflicht und Schuldigkeit derer, die sich nicht vom Existenzkampf zurückgezogen haben, das menschliche Leben seines höheren Wertes wegen zu beschützen, wo es von wilden Tieren bedroht wird – selbst wenn wir dieses töten müssen. Gewaltlosigkeit ist demzufolge keine unabänderliche Verhaltensregel, was das Tierreich angeht. Und sie ist es auch nicht, was menschliche Beziehungen angeht. Umstände treten ein, wo es recht und billig ist, sich zur Verteidigung seines Vaterlandes zu bewaffnen und die Angreifenden zu töten, oder, wenn es moralisch korrekt ist, einen mörderischen Gegner umzubringen. Was aber unter allen Umständen vermieden werden muß, ist die Zufügung von unnötigem Schmerz.*
Wer zum Pazifismus als einer universell auszuübenden Lehre aufruft, mißbraucht ein ethisches Gesetz, das nur für Mönche oder Asketen, die sich von der Welt losgesagt haben, Gültigkeit hat und mißversteht einen mystischen Lehrsatz der Einheit, der nur auf die innere Erkenntnis zutrifft. Beim Mystiker ist der Pazifismus bewunderswert, aber völlig fehl am Platz beim Menschen, der in der Welt steht.“ (269) Es bedarf keiner Frage, daß auch diese Überzeugung kritisierbar ist und möglicherweise eine Mißachtung der Bergpredigt darstellt, doch sie verdient es, um ihres überzeugenden Realismus willen, ernstgenommen und durchdacht zu werden. Kein Meister oder Guru, kein Gesetzbuch und keine prophetische Schrift wird den einzelnen aus seiner Gewissensentscheidung befreien können. Sie alle mögen

269) ebd., S. 78

Entscheidungshilfen bieten, den PFAD kann jeder nur alleine beschreiten.

Abschließend soll der Blick auf eines der großen Mysterien des Karma geworfen werden – auf das Geheimnis des Kreuzes von Golgatha. Vielleicht erschließt sich ein neuer Zugang zum Christus-Mysterium aus der Bodhisattva-Idee. Ein Bodhisattva, ein vollkommen erleuchtetes und vom Rad der Wiedergeburt befreites Wesen, kehrt an der Schwelle zum „Paradies Gottes" um, aufgrund des Wunsches, seinen noch leidenden Geschwistern auf Erden zu Hilfe zu kommen. *„Wer diese Wahl trifft, d.h. kein Verlangen danach trägt, in Nirvana einzugehen, bevor die ganze Menschenrasse zur Vollendung gelangt ist, der hat den höchsten Sieg des Arhat, des vollkommenen Menschen, errungen. Sein Wissen, seine Fähigkeiten, alles legt er der Menschheit zu Füßen, um ihr zu dienen, zu helfen und sie auf den Pfad zu führen ,den er selbst gegangen ist. Dies ist das Endziel, welches für jene, deren edle Seelen „den großen Verzicht" geleistet haben, noch hinter der Wiederverkörperung liegt; und diese werden dann zu Erlösern der Welt, die Blüten und der Ruhm ihres Geschlechts."* (270)

Wenn man diese Gedanken auf Jesus von Nazareth, den Christus, überträgt und sich einmal vom überlieferungsgeschichtlich nicht zu stützenden Trinitätskomplex löst, dann wird der Sinn der Kreuzigung verständlich, Golgatha bleibt nicht länger ein Paradoxon. Wer geistig reif genug ist, wird in der Lage sein, einem oder zweien seiner Erdengeschwister zu helfen. Ist er ein großer Eingeweihter, vermag er zum Segen für Tausende zu werden. *„Und ist einer so mächtig, wie das Christentum sich den Christus Jesus vorstellt, so hilft er in einer Zeit, wo die ganze Menschheit Hilfe braucht, der ganzen Menschheit. Und das Karmagesetz wird dadurch nicht unwirksam, sondern im Gegenteil:*

---

270) A. Besant, Wiederverkörperungslehre, S. 123

Die Tat des Christus Jesus auf Erden wird dadurch wirksam, daß man auf Karma bauen kann. Der Erlöser weiß, daß durch Karma das Erlösungswerk auch wirklich allen zugänglich wird. Ja, diese Tat geschah gerade im Bauen auf das Karmagesetz, als eine Ursache für die zukünftige herrliche Wirkung, als eine Saat für die spätere Ernte, als eine Hilfe für den, der die Segnungen der Erlösung auf sich wirken läßt. Die Tat des Christus Jesus ist überhaupt nur denkbar durch das Existieren des Karmagesetzes; gerade das Testament des Christus Jesus ist die Karma- und Reinkarnationslehre." (271) Christus kam nicht, um einen 'zornigen Vater' zu versöhnen. Er sah keine Notwendigkeit, den Vater um Gnade für die Menschen zu bitten, denn „*er, der Vater, hat euch lieb*". Er besaß allerdings Einsicht in die karmischen Lasten (Sündenvorstellungen oder gar Erbsündenlehre haben diese geistige Wahrheit leider sehr entstellt) seiner Brüder und Schwestern auf Erden, und seine Liebe war groß genug, um das Opfer von Golgatha aufsichzunehmen. Es war die größte Liebestat der Menschheitsgeschichte und das leuchtendste Beispiel für den Umgang mit den Schatten des Karma. (272)

---

271) R. Steiner, Vor dem Tore der Theosophie, Dornach 1978³, S.59
Vgl. auch Ursprungsimpulse, S.306 : „*Wenn eine mächtige Individualität wie der Christus Jesus der ganzen Menschheit zu Hilfe kommt, so ist es sein Opfertod, der hineinwirkt in das Karma der ganzen Menschheit. Er konnte das Karma der gesamten Menschheit tragen helfen.*"

272) Vgl. dazu F. A. Newhouse, Das Christuslicht, Grafing 1988²

XV. KAPITEL

GERECHTIGKEIT

Keine religiöse Lehre, kein Dogma und kein Glaubensbekenntnis sind ursächlich für die große Anzahl von Menschen, die sich heute als Atheisten bezeichnen. Ihr Motiv, an der Existenz eines Gottes zu zweifeln, war die fehlende Gerechtigkeit auf Erden. Wenn es einen liebenden Gott gibt, wozu die entsetzlichen Leiden einer nach Jahrtausenden zählenden Menschheitsgeschichte, die auch nach der 'Erlösung von der Sünde' und der 'Besänftigung des rachsüchtigen Gottes' seit zweitausend Jahren – heute kaum weniger schlimm als früher – die Lebensumstände auf Erden bestimmen? Welche Chancengleichheit besteht zwischen dem Neandertaler und Einstein? Liegt die Lösung in der simplen Antwort, Gott werde sie nach dem Tode schon 'gleich' stellen? Wozu dient der Evolutionsprozeß? Warum gab es nicht eine vollkommene Schöpfung von Anbeginn? Was hat es mit dem Blindgeborenen im neunten Kapitel des Johannes-Evangeliums auf sich, der (laut Bibel) nur blind geboren wurde, um Gottes Macht an sich demonstrieren zu lassen? Wie würde ein deutsches Gericht mit einem Chirurgen verfahren, der einem Patienten beide Augen aussticht, um sie dann wieder einzusetzen, zur Vorführung seines neuen Operationsverfahrens?

Es kann nicht von Gerechtigkeit gesprochen werden, soweit menschliches Begreifen dies überhaupt vermag, ohne Berücksichtigung der Karma-Lehre.

So kann es nicht verwundern, wenn Rudolf Steiner im Zusammenhang mit dem Fall des Blindgeborenen die Antwort Jesu anders verstanden wissen will. *„So ist die Antwort des Christus (Joh. 9,3) zu übersetzen: „Er ist blind geboren worden, damit die Werke Gottes in ihm im Leibe sichtbar werden." Jeder Mensch macht wiederholte Erdenleben durch. Wir sehen einen Blindgeborenen. Er muß nicht in diesem Leben gesündigt haben, er kann sich auch die Schuld, die zu dieser Geburt geführt hat, aus einem früheren Leben mitgebracht haben. Es ist die Karma-Lehre ganz im theosophischen Sinn, die durch die Verkörperung hindurch wirkt, welche durch dieses Vorkommnis geschildert wird."* (273) Kein Schicksal auf Erden widerfährt dem Menschen zufällig. Hinter allen Ereignissen waltet ein kosmisches Gesetz, das mit unfehlbarer Gerechtigkeit über allem wacht, was war, ist und sein wird.

Zu den erbittertsten Kritikern einer unverbindlichen Moral, die das Leiden der Welt mit dem *„unerforschlichen göttlichen Ratschluß"* ausreichend beantwortet zu haben glaubt, zählt die Mitbegründerin der Theosophischen Gesellschaft, die Russin Helena P. Blavatsky. Es kann kaum eine beeindruckendere und bewegendere Anklage geben als jene der „Geheimlehre", wo es heißt: *„Wenn jemand alles dies sieht und sich abwenden muß* (vor den Übeln der Welt, d.Verf.), *unvermögend das unverdiente Leiden zu lindern, wenn seine Ohren klingen und sein Herz blutet von den Schmerzensschreien um ihn her – dann bewahrt ihn allein jenes gesegnete Wissen vom Karma davor, Leben und Menschen, sowie deren vermuteten Schöpfer zu verfluchen. Von all den schrecklichen Lästerungen und dem, was dem Wesen nach Anklagen sind, die von den Monotheisten auf ihren Gott geschleudert werden, ist keine größer und unverzeihlicher als jene (fast immer) falsche Demut, welche den eingebildetermaßen „frommen" Christen angesichts eines jeden Übels und unverdienten Schlages behaupten läßt: „So ist der Wille Gottes"*. (274)

---

273) R. Steiner, Menschheitsentwicklung, S.256
274) H. P. Blavatsky, Die Geheimlehre (3 Bd.), den Haag o. J., Bd. 2, S. 318

Nur die Idee eines großen Weltgesetzes, bewacht und vollzogen von den erhabenen „Herren des Karma“ (den *Lipikas* der „Geheimlehre“), vermag Antwort auf die (anscheinend) schreiende Ungerechtigkeit der Welt zu geben. Kein 'strafender Gott' sendet seine Rache über den Menschen und keine unsichtbaren Götter schaukeln Menschenseelen an Qualen verursachenden Marionettenbändern – *„wir belohnen oder bestrafen uns selbst, je nachdem wir entweder mit, mittels und gemäß der Natur wirken, indem wir den Gesetzen, von denen diese Harmonie abhängt, gehorchen, oder sie brechen.“* (275) Der vielmißbrauchte Halbgott „Zufall“ ist ein greller Götze, ein falscher „deus ex machina“, denn *„es ist kein Zufall in unserem Leben, kein mißratener Tag oder kein Mißgeschick, die nicht auf unsere eigenen Taten in diesem Leben zurückgeführt werden könnten.“* (276) Diese Erkenntnis befreit den Menschen (277), doch sie beruft ihn mit überwältigender Kraft zu eigener Verantwortung. Das alte Sprichwort, wonach *„jeder seines Glückes Schmied ist“*, wird transparent vor dem Hintergrund der geistigen Gesetzmäßigkeiten.

Einige Jahre später bestätigte der Theosoph Charles W. Leadbeater die Auffassungen von H. P. Blavatsky und differenzierte zugleich zwischen einem allgemeinen und einem eher personal verstandenen Karma. *„Jedes Individuum hat bis zu den äußersten Konsequenzen eine Schuld abzutragen, die es auf sich lud, und jedem Individuum wird vollkommenste Gerechtigkeit widerfahren, dieser Zweck aber bedingt noch nicht immer, daß eine ungeheuere Menge von Egos in sich folgenden Lebensläufen einander beständig wieder begegnen. Wenn jemand infolge seiner*

---

275) ebd., Bd. 1, S.705
276) ebd.
277) Vgl. die Erfahrung Dethlefsens: *„Am Anfang ist es für viele hart, zu erfahren, daß es für ihr Schicksal keinen Schuldigen in der Welt gibt außer sie selbst. Zum Schluß aber führt gerade diese Einsicht zu einer erlösenden Freiheit.“* (Erlebnis d. W., S.142)

Handlungsweise einem Mitmenschen gegenüber dessen Entwicklung ernstlich beschleunigt oder verzögert, wenn er etwas begeht, daß einen brandmarkenden oder dauernden Effekt auf den anderen hervorbringt, so ist zwecks Begleichung der Schuld ein erneutes Zusammentreffen so gut wie sicher. Daß das auf verschiedene Weise geschehen kann, leuchtet ein." (278) Der Modus des karmischen Ausgleiches kann breit variieren. Er kann von einem eher passiven Erleiden bis hin zu einem aktiven Verwandeln reichen, wie im Falle eines Mörders, der sein Karma seinem ehemaligen Opfer gegenüber dadurch ausglich, daß er ein folgendes Leben vollständig in dessen Dienst stellte. Offensichtlich waltet eine unfaßbar kreative Weisheit über allem karmischen Geschehen. *„Diesselbe Sünde, unter denselben Umständen von zwei sich ganz ähnlichen Leuten begangen, muß dieselbe* Summe *von Leiden zur Folge haben, wobei aber die* Art und Weise *des Leidens unendlich verschieden ausfallen kann und ganz den Erfordernissen des Falles angepaßt ist.*" (279)

Das Bestreben, im Karma-Gesetz gewissermaßen eine Lücke zu finden, scheint ein typisch menschliches Bemühen zu sein. Der Erdenmensch, in seiner geschöpflichen Unvollkommenheit, vermag sich nur schwer die vollkommene Weisheit und Gerechtigkeit der göttlichen Allmacht vorzustellen. Er möchte gerne mit dem Finger zeigen können und sagen: *„Aha, hier haben wir eine Ungerechtigkeit in der Schöpfung vorliegen.*" Solche Einwürfe finden sich auch in 'esoterischen Kreisen', weshalb Leadbeater sich zu einer Entgegnung veranlaßt sah. *„Unter den Schülern scheint ein Typus vertreten zu sein, der geradezu darauf erpicht ist, eine Ungerechtigkeit im Werke der Entwicklungsmaschinerie aufzuspüren; wer aber viele Jahre hindurch den Vorgängen in der Natur nachforschte, kommt mit immer mehr Gewiß-*

---

278) Leadbeater, Gespräche II, S.483
279) ebd., S.487 f.

heit zu der Erkenntnis, daß die Ungerechtigkeit zur Unmöglichkeit wird, und daß jeder Fall, in dem wir sie erspäht zu haben meinen, nur ein Fall ist, der uns zeigt, wie unvollkommen unser jetziges Wissen noch ist. Wer seine Sonde tief in die Mysterien der Natur hineinversenkte, gehört zu denen, die volle Gewißheit darüber erlangten, daß Er, der alle Dinge verrichtet, auch alle Dinge gut macht." (280) Ob das begrenzte menschliche Bewußtsein jemals auch nur zu einem annähernden Verständnis der göttlichen Gerechtigkeit gelangen wird, mag bezweifelt werden. Hier sollte die Demut aufgebracht werden, aus dem Begreifen des Karma-Gesetzes in einigen Einzelfällen, voller Zuversicht der Weisheit des *großen Geistes* zu vertrauen.

Karma kann in einem zweiseitigen Verhältnis ausgeglichen werden, muß aber nicht. „*Karma besagt nicht das Selbstausgleichen, sondern nur das Ausgeglichenwerden durch eine Tat.*" (281) Es scheint in diesem Zusammenhang wesentlich, auf die schon kurz gestreifte Unterscheidung Leadbeaters einzugehen, der ein personales (d.h. zwischen denselben Personen ausgetragenes) und ein überpersonales Karma unterscheidet. Diese Struktur des Karma-Gesetzes ermöglicht den Wesenheiten, die über allem Geschehen wachen, offensichtlich eine flexible Handhabung der karmischen Energien. „*Ein Mensch, der einem anderen Verdruß bereitet, wird genau im Verhältnis dazu irgendwie und irgendwo leiden, wenn er auch den Menschen, der durch ihn gelitten hat, niemals wieder trifft; derjenige aber, der eines anderen Leben zu Grunde richtet, ihm ernstes Leid zufügt oder seine Entwicklung aufhält, wird seinem Opfer später einmal ganz gewiß wieder begegnen, damit er so Gelegenheit habe, durch Güte und aufopfernde Dienste das getane Unrecht wiedergutzumachen. Kurz gesagt: große Schulden müssen persönlich beglichen*

---

280) ebd., S.473 f.
Vgl. auch R. Steiner, Wiederv. u. Karma, S.51 ff. und S.62
281) R. Steiner, Ursprungsimpulse, S.118

werden, während kleine in den allgemeinen Fond übergehen.“ (282)

Die untersuchten Beispiele über das Wirken des Karma sind schon Legende, so jenes des Schöffengerichtes, das eben den Menschen wegen Mordes zum Tode verurteilt, der jene Schöffen in einem früheren Leben getötet hatte (283), oder der Fall des Bankräubers, der etliche Menschleben auf dem Gewissen hatte, und später als Chirurg sein Leben lang in der Stille dient, um durch seine ärztliche Kunst Leben zu retten. (284) Wenn der Mensch reif wird, erlangt er die Einsicht in diese Zusammenhänge, nicht länger mehr sieht er im Karma nur das „Gesetz der Vergeltung“, sondern er erfaßt die Weisheit der Schicksals-Dynamik, die alles Leben auf verborgenen Bahnen seiner Vollendung entgegenführt.

Die göttliche Gerechtigkeit wirkt im Kleinen wie im Großen, im Einzelschicksal wie im Schicksal von Nationen, wobei allerdings das Individuum nicht vom schicksalhaften Strom weltgeschichtlicher Ereignisse gleichsam hilflos davongeschwemmt wird. *„Kollektives Karma kann einen Menschen auch in die Schwierigkeiten verwickeln, welche die Folge davon sind, daß das Volk, dem er angehört, einen Krieg führt. Auch hier kann er wieder Schulden aus der Vergangenheit zahlen, die nicht notwendigerweise zum reifen Karma dieses Lebens gehören müssen. In keinem Fall aber kann ein Mensch etwas erleiden, das er nicht verdient hätte; bietet sich aber eine unvorhergesehene Gelegenheit, sich einer alten Schuld zu entledigen, dann ist es gut, dies zu tun und ihrer für immer ledig zu werden.“* (285) Die 'Treffsicherheit'

---

282) Leadbeater, Textbuch, S.99

283) Vgl. R. Steiner, V.d.Tore d. Th., S.79, Dort auch ein wichtiger Hinweis Steiners: *„Daraus* (gemeint ist der Fall des Schöffengerichtes, d.Verf.) *entsteht nun nicht etwa eine nie endende karmische Kette, sondern andere karmische Beziehungen ändern den weiteren Verlauf.“*

284) Vgl. Ph. Berg, Wheels a.a.O., S.9

285) A. Besant, U. Weisheit, S. 198

des Karma-Gesetzes zeigt sich in unzähligen Berichten von Menschen, die einer Katastrophe auf wundersame Weise entgingen, ein sinkendes Schiff verpaßten, eine Stadt am Tag vor einem verheerenden Erdbeben verließen und ähnlichem. Das individuelle Karma differiert vom kollektiven. (286)
Ein Detail der Wirkweise des Karma darf nicht unbeachtet bleiben – die Verbindung von Reue und Ausgleich. Es sollte nicht übersehen werden, daß der erste Schritt zwar bedeutsam ist, aber noch lange nicht das Ende des karmischen Prozesses bedeutet. *„Du kannst ehrlich bereuen, aber die Atome, die du durch böses Handeln aktiviertest, lösen sich nicht sofort auf, wenn du erklärst, darüber traurig zu sein! Man muß sich mit ihnen befassen und sie selbst mit Willen und Wissen umwandeln."* (287) Der göttlichen Gerechtigkeit entsprechend, führt die Umkehr und das Bedauern einer Tat wieder in die Harmonie mit der göttlichen Ordnung, doch dieses Geschenk entbindet nicht von der Verantwortung für Geschehenes. Unrecht muß wiedergutgemacht werden – so lautet das Gesetz. Es bleibt zu prüfen, inwieweit die Liebe das Gesetz zu verwandeln vermag.

---

286) Vgl. Besant, Studie ü. Karma, S.60 ff.
287) Challoner, Rad, S.144

XVI. KAPITEL

KULTUR UND GESELLSCHAFT

Die europäische und die amerikanische Kultur des modernen Industriezeitalters wurde geprägt von einem stetig an Einfluß verlierenden – da rückwärts gewandten – Christentum, das der schwindenden Macht vergangener Zeit nachtrauert. Es kann keinen Zweifel geben – besäße das Kirchen-Christentum heute noch die Macht der Inquisitions-Jahrhunderte, seine Repräsentanten würden sie einsetzen. So wie 1600 Giordano Bruno in Rom brannte, so ginge es heute Theosophen oder Anthroposophen. Selbst im ausgehenden 20. Jahrhundert scheute sich ein Bischof der Ostkirche nicht, beim Versuch des Inders Sri Rajneesh (sein Pseudo-Gurutum bedarf keiner kritischen Erwähnung), in Kreta eine Aufenthaltserlaubnis zu bekommen, *öffentlich* vor einem Rundfunk-Mikrophon zu äußern, er würde eigenhändig, wenn er könnte und dürfte, diesen Feind der Kirche erschlagen. Dieser verblendete Mann wird sicher in bestem Glauben gesprochen haben und war zweifelsfrei überzeugt, er würde ein gottgefälliges Werk vollbringen. Die Vorstellung, sich dafür vielleicht eine schwere karmische Schuld aufzubürden, wäre nicht einmal am Horizont seines Bewußtseins aufgedämmert.
Diese kleine Episode zeigt recht gut, wie der status quo der westlichen Demokratien beschaffen ist. Eine dürftige Metaphysik, die sich in abstrakter Intellektualistik ver-hegelt und verheideggert hat – fern vom menschlichen Alltag – übt kaum noch einen Einfluß auf das religiöse Leben der Menschen aus. Es ist kaum vorstellbar, daß der „Esoterik-Boom" der Achtziger Jahre entstanden wäre, ohne die tiefempfundene innere Leere gerade des wirklich – vom Herzen her – religiösen Menschen.

Der nachdenkliche Christ ist nicht länger zufrieden mit einem Weltbild, das ihn am Anfang seiner Erdentage aus dem Nichts kommen läßt, um ihn am Ende zwischen Himmel und Hölle, Fegefeuer und Friedhofserde, auf die Posaunen des Jüngsten Gerichts warten zu lassen.
In dieser Leere bietet die Reinkarnations- und Karma-Lehre neue Antworten. Sie zeichnet einen ganzheitlichen, gewaltigen spirituellen Kosmos, und sie rückt den Menschen in eine bescheidenere Position, die doch zugleich verknüpft ist mit der grandiosen Botschaft der Gotteskindschaft für *alle* Wesen. Sie ist wie keine andere Weltanschauung geeignet, die Idee der Einheit aller Menschen mit einem philosophischen Hintergrund zu versehen. Nicht unbegründet spricht der Pädagoge Werner Trautmann in diesem Zusammenhang von einer „völlig neuen geschichtlichen Dimension". *„Menschen aber, die in diesem Leben Weiße, in einem anderen Gelbe oder Schwarze, die hier und jetzt Buddhisten, dann und später in einem neuen Leben Moslems oder Christen sein können, müßten sich als erdumspannende Menschenfamilie schätzen lernen in der Pflege gemeinsamer Kulturgüter: des Betens, des Denkens, des Dichtens und Musizierens. – Die Re-Inkarnationshypothese ist geeignet, die Menschheit zu einem Aufbruch zu bewegen in völlig neue geschichtliche Dimensionen."* (288) Wenn man diese Ideale einer geeinten Menschheit teilt, wie sie ja dem ursprünglichen Konzept der Vereinten Nationen zugrundelagen (289), dann kann es nicht verwundern, wenn die Zahl jener, die eine Reinkarnation für möglich oder wahrscheinlich halten, auch in christlich ausge-

---

288) W. Trautmann, Naturwissenschaftler bestätigen Re-Inkarnation, a.a.O., S.126 Vgl. auch die Geschichte der „Jane Evans", die in frühchristlicher Zeit 'bekehrt' und getauft wurde, um dann in einem späteren Leben als Jüdin von einem christlichen Mob verfolgt zu werden. (Iverson, a.a.O., S.67)
289) Der interessierte Leser möge sich einmal mit der 'esoterischen' Seite eines Dag Hammerskjöld, U. Thant oder Robert Muller befassen.

richteten Gesellschaften mittlerweile zwischen fünfundzwanzig und fünfunddreißig Prozent liegt.
Würde die Reinkarnations- und Karma-Lehre in der Zukunft tiefgreifend das Bewußtsein des Menschen der modernen Industriegesellschaft mitprägen, was vielleicht deren einzige Überlebenschance darstellt, es müßten dramatische Kehrtwendungen in zahllosen gesellschaftlichen Bereichen vollzogen werden. Die folgenden Ausführungen sollen nur einige Verhaltensweisen, Gesetzesgrundlagen und Denkmuster ins Auge fassen, die von einer Bejahung der Karma-Lehre tangiert würden.

1) Ökologie

Es ist kaum vorstellbar, daß eine Menschheit, die in der Überzeugung lebt, in einigen Jahrhunderten erneut über diesen Planeten zu wandeln, eine derartige Zerstörung der Lebensbedingungen betriebe, wie es gegenwärtig geschieht. (290)

2) Humanes Sterben

Eine Medizin, die nicht mehr per Gesetz verpflichtet wäre, mit allen Mitteln und mitleidlos Lebensfunktionen aufrechtzuerhalten, könnte dem Menschen zur Seite stehen, um ihn in Würde sterben zu lassen. Der Tod ist kein Ende, sondern die Geburt in ein neues Leben. (291)

---

290) Vgl. Jürgen vom Scheidt, Wiedergeburt, S.34: *„Man würde es sich dann, um nur ein Beispiel zu nennen, sicher noch gründlicher überlegen, ob man den radioaktiven Müll von Atomkraftwerken, insbesondere das unglaublich giftige Plutonium, in der Erde lagert – auf die Gefahr hin, daß man sogar 100 000 Jahre später, vielleicht in der zigtausendsten Wiederverkörperung, der Bestrahlung durch diesen Atommüll ausgesetzt sein könnte!"*

291) Vgl. dazu die ergreifende Geschichte einer älteren Frau, die durch die Gebete der Verwandten am Sterben gehindert wurde: *„Eines Tages schließlich schlug sie die Augen auf und sagte zu mir: „Joan, ich bin drüben gewesen, drüben im Jenseits. Es ist wunderschön dort. Ich will gerne dortbleiben, aber solange ihr darum bittet, daß ich hier weiter mit euch lebe, kann ich es nicht. Eure Gebete halten mich hier fest. Bitte, betet nicht mehr." Wir ließen davon ab, und kurz danach starb sie."* (R. Moody, Leben nach dem Tod, S.89)

3) Abtreibung

Eine Gesellschaft, die gelernt hat, daß ein werdendes Leben nicht nur Angelegenheit der Mutter ist, sondern auch das Schicksal einer zurückkehrenden Wesenheit betrifft, würde die Abtreibungsfrage mit neuen Antworten versehen. (292)

4) Krieg

Eine Welt, in der das Bewußtsein Einkehr hielte, daß 'der Feind im Osten oder der Feind im Westen' einst der Bruder im Westen oder die Schwester im Osten war, wird leichter zu einer Ächtung des Krieges finden als eine Welt, in der dieses Bewußtsein fehlt.

5) Tierversuche

Eine Gesellschaft, die göttlichen Geist in allem Leben erkennt, wird aufhören, in entwürdigender und qualvoller Weise das Leben unser jüngeren Geschwister aus dem Tierreich zu zerstören. Eine Welt, die alles Leben in seiner Evolution zur Offenbarung der innewohnenden Göttlichkeit begreift, wird eine franziskanische Moral entwickeln.

Nicht um jeden Preis Leben zu erhalten, sollte das Ziel der Medizin sein, sondern einen möglichst schmerzfreien Übergang zu erleichtern: „*Der Schmerz ist immer ein Feind – der Tod nie. Der Schmerz vergeudet die Energie, die wir brauchen, um den Körper zu verlassen, wenn wir sie nicht mehr zu unserer Heilung verwenden können.*“ (Joan Grant, Wiedergeburt, S.320)

292) Vgl. zur Abtreibung die erschütternde Geschichte der kleinen Johanna:
Frau A.: Johanna, zweidreiviertel Jahre alt, erzählte mir beim Kochen:
„Einmal, da war eine Mama und die hieß Anja. Und eine Schwester, die hieß Britt. Und da hat mich die Mama zum Fenster rausgeschmissen und in die Mülltonne geschmissen. Unser Vater hieß Markus.“
Mutter: „Ja?“
Johanna: „Ja, die haben mich einfach zum Fenster rausgeschmissen. Und dann hab ich bei Dir zum Fenster reingeschaut (sie umarmt mich), und dann war da die liebe Mama, und dann hast du mich reingelassen (umarmt und drückt mich ganz fest). Gell, Du bist meine Mama!“
Mutter: „Wo war denn das, Johanna?“

6) Streß

Eine Industiegesellschaft, die nicht mehr dem Irrsinn einer Wachstumsphobie um jeden Preis erliegt, wird neue Prioritäten setzen. Sie wird erkennen, daß Lebensqualität bedeutet, die idealen Voraussetzungen für inneres Wachstum zu schaffen, nicht für äußeren Wohlstand. Vor dem Hintergrund einer grenzenlosen Erfahrungswelt durch Reinkarnation, wird die Besitzgier auf ein erträgliches Maß reduziert werden – wahrscheinlich sehr zum Mißvergnügen bestimmter Industriekonzerne. Hier steht eine neue Kontroverse zwischen spiritueller Ethik und Profitmaximierung um jeden Preis ins Haus.

7) Sinnfindung

Eine Kultur, in der jeder Mensch als göttliches Wesen in der Entwicklung betrachtet wird, vermag neue Antworten auf die Frage nach dem Sinn des Lebens zu geben. Der Selbstmordgefährdete, der seine Eigenverantwortung gegenüber dem Karma-Gesetz einsieht, wird sich nicht in sinnloser Verzweiflung von einer Brücke stürzen, er wird sich vielmehr seiner Verantwortung stellen und aus der Sinnfindung neuen Lebensmut schöpfen.

8) Erziehung

Eine Pädagogik, die das Kind als Individualität mit einer langen Geschichte annimmt, wird neue Wege einschlagen (Beispiel Waldorf-Pädagogik), um dem zurückgekehrten Erdenbürger zu helfen, seinen vor der Geburt aufgestellten Lebensplan zu erfüllen. (293)

Johanna: *„In so einem kleinen, schwarzen Haus“* (zeigt mit den Fingern ganz klein). Bauer/Hoffmeister/Görg, Gespräche S. 93

293) Vgl. dazu auch A. Besant, Studie ü. Karma, S.49 ff.

9) Medien

Ein Journalist, der um die Verantwortung gegenüber seinen Mitbürgern und dem Karma-Gesetz weiß, wird eher den Versuchungen eines tendenziösen oder gekauften Journalismus widerstehen als einer, der nur auf den eigenen Vorteil bedacht ist. (294)

10) Religion

Religiöse Lehrer, die erfahren haben, daß die Geistseele durch zahllose Kulturen und Glaubenswelten wandert, werden sich nur noch der Wahrheitsfindung verpflichtet fühlen (bei absoluter Toleranz) – nicht mehr einer irrigen 'Seelenrettung'.

Diese Liste ließe sich beliebig erweitern und fortsetzen. Sie erhebt keinerlei Anspruch auf programmatische Funktion, kann aber vielleicht Denkanstoß sein. Sie ist außerordentlich – und der Verfasser ist sich dessen wohl bewußt – optimistisch und idealistisch, doch im Bewußtsein einer geistigen Wirklichkeit nicht unrealistisch. Die Geschichte hat dokumentiert, daß die Utopien und Träume, die Ideale und Ziele von gestern die Wirklichkeit von heute bestimmen. Die Kraft der Argumente, die für die Realität des Gesetzes von Reinkarnation und Karma sprechen, wird alle Hindernisse aus überlebten Traditionen und verkrusteten Vorurteilen überwinden. Die Kulturen des dritten Jahrtausends werden entscheidend geprägt sein von einem neuen Bewußtsein. Einem Bewußtsein, das den Menschen als Wanderer aus ferner Zeit auf dem Pfad in eine lichte Zukunft sieht.

---

294) Vgl. dazu Challoner, Rad, S.119: *„Jeder Mensch, der stark eindringlich seine Denkkraft benutzt, ist ein Magier – weiß oder schwarz. Je nach dem hinter seinem Denken stehenden Zweck. In der Vergangenheit benutzte der Mensch seine magischen Fähigkeiten durch Anwendung von religiösen und zeremoniellen Riten. Jetzt aber tut er es durch Reklame, Bücher, Journale, Rundfunk und Kino (und das Fernsehen, d. Ü.). Denn die magischen Waffen unseres Zeitalters sind in erster Linie das* Wort *und das* Bild.“

XVII. KAPITEL

KARMA UND GNADE

Achtzig Prozent aller menschlichen Lebensschicksale sei durch Gnade bestimmt, erklärte Flower A. Newhouse dem Verfasser in einem Gespräch über dieses Thema. Würde der Mensch allein unter dem GESETZ leben, sein Weg zurück ins Licht würde sich unendlich viel schwerer gestalten, als es seit dem Beginn menschlichen Lebens der Fall ist. Würde sich die göttliche Liebe nicht immer wieder neu dem irrenden, suchenden Menschen zuneigen, er fände kaum den Pfad ins Licht. Diese Gnadengabe des Allgeistes ist ewig präsent, aber – und hier berühren wir den alles entscheidenden Punkt – sie setzt nicht das Gesetz der Evolution durch Reinkarnation, des sich Entwickelns durch Reifung, außer Kraft. Wenn Gott aus 'Gnade' oder 'Liebe' einen überzeugten Atheisten – in einer in gewisser Weise ja zwanghaften Bekehrung – in einen tief religiösen Menschen verwandelte, warum sollte er ihn dann überhaupt in die Inkarnation senden? (295) Wer käme auf die Idee, einem Lehrer vorzuschlagen, er möge doch 'aus Gnade' einen Drittklässler in die Oberprima versetzen? Wenn man diese scheinbar so selbstverständlichen Gesetzmäßigkeiten auf den großen Evolutionsprozeß anwendet, dann bleibt absolut unverständlich, weshalb die Gnade der Reinkarnationslehre widersprechen soll. Der Gegensatz wird von Kirchenvertretern konstruiert : *„Die neugnostische Rein-*

---

295) Vgl. dazu Torwesten a.a.O., S.90 : *„Gott ist gar nicht so sehr an unserer Erlösung interessiert – die müßte er eigentlich im Bruchteil einer Sekunde aus dem Ärmel schütteln können, als Weihnachtsgeschenk für die ganze Menschheit –, sondern daran, daß wir uns erlösen* lassen!"

karnationsidee widerstreitet zutiefst der Botschaft von der uns Menschen trotz aller eigenen Ungerechtigkeit und Unvollkommenheit und trotz allen Leidens in der Welt immer wieder angebotenen Gnade Gottes, – dem für Christen einzigen Heilsweg des sola gratia („allein aus Gnaden")." (296) Abgesehen von wenigen extrem gesetzes-orientierten Befürwortern des Reinkarnationsgedankens (297), wird niemand der Ansicht widersprechen, die Gnade Gottes werde „immer wieder angeboten". Sie wird sogar in mehreren Erdenleben angeboten.

Wieviel liebevoller diese grenzenlos (auch irdisch-zeitlich genommen) wirkende Gnade doch ist als die ultimative des orthodoxen Christentums, drückte Hans Torwesten in einem wesentlichen Einwand gegenüber Kirchenkritikern aus: *„Es grenzt dann manchmal schon an Sarkasmus, wenn sich manche christliche Autoren nach all diesen schönen Gefühlsregungen folgenden geistigen Salto mortale leisten: Nachdem der Leser gerade durch die Betonung der christlichen Gnade, durch all die Hirte und Schaf-Erzählungen weich geworden ist – und hart gegen alle „gnadenlosen" Reinkarnationsideen –, wird er ein paar Seiten weiter schon wieder für das Dogma einer ewigen Verdammnis hart gemacht: mit dem häufigen Kommentar, Sentimentalität sei hier völlig fehl am Platz, Gott sei eben nicht nur der gnadenhaft liebende, sondern auch der Gerechte, und Recht müsse nun einmal gesprochen werden.*" (298) Die Karma-Lehre widerspricht nun gerade diesem Zerrbild des Richter-Gottes, jenem Relikt alt-jüdischer Stammestradition, das auch zwei Jahrtausende Christentum überlebt hat. *„Der Mensch wird* von *seinen Sünden bestraft, nicht* für *sie. Daraus folgt, daß es keine Vergebung gibt*

296) H.-J. Ruppert, Reinkarnation in neugnostischen Bewegungen, in: Hänggi, a.a.O., S.117 f.
297) Vgl. Manly P. Hall, Reincarnation, S.183 ff.
298) Torwesten, a.a.O., S.51

und niemand, der vergeben kann. Doch ist das Gesetz gnädig, denn das Gesetz ist Liebe." (299)
Einem Christentum, das sich auf ein Gottesbild beruft, in dem die Prädestinationslehre (auch zur Verdammnis), das Erbsündendogma und die ewige Höllenstrafe wesentliche Züge dieses Gottes charakterisieren, fehlt *jegliche* Legitimation, eine wie auch immer geartete willkürliche Gnadenwahl als moralischer zu verkünden als die Reinkarnationslehre. *„Wer die christliche Gnade betont, muß sich auch mit diesem „Schatten" des jüdisch-christlichen Gottes auseinandersetzen; man darf ihn nicht einfach unterschlagen, um ein „freundliches" Christentum um so effektvoller von einem erbarmungslosen Karma-Glauben abzusetzen. Die Reinkarnationslehre „erbarmungslos" zu nennen ist so unsinnig wie das Gesetz von Ursache und Wirkung auf der physischen Ebene als „erbarmungslos" zu bezeichnen. Erbarmungslos ist die Lehre einer ewigen Verdammnis – aber nicht eine Lehre, die dem Menschen immer wieder die Chance gibt, sich zu verbessern.*" (300) Eine Entgegnung (301), die eine „Wiedergeburt aus dem Geiste" als Alternative zur Reinkarnation anführt, verfehlt daher den Sinnzusammenhang. Diese „Wiedergeburt", sie wäre gleichzusetzen mit der vollkommenen Erleuchtung, beendet in derTat, im Erreichen der Meisterschaft, die Bindung an das Rad der Wiedergeburt; doch dieses Geschehen, wer wollte es bestreiten, stellt nicht den Normalfall des täglichen Lebens dar. Die Zahl der Erleuchteten war in der vorchristlichen Epoche klein, und sie ist seitdem nicht sprunghaft angestiegen. (302) Die Evolution befindet sich offensichtlich nicht in Eile.

---

299) Humphreys, Karma, S.47
300) Torwesten, a.a.O., S.52
301) Vgl. bei Hänggi, a.a.O. S.120 ff.
302) Das Kommen Christi hat auch nicht die Gültigkeit des Reinkarnationsgesetzes aufgehoben, wie gelegentlich (A. Rosenberg u.a.) behauptet. Vgl. dazu Torwesten, a.a.O., S.49

Reinkarnation steht in engem Zusammenhang mit Freiheit und Eigenverantwortung. Wer nur in der vertrauten Beziehung mit dem göttlichen Schöpfer seinen Weg geht, aus dessen Gnade er *niemals* herausfallen kann, der wird sich nur schwer einem kirchlichen Dogma oder einer totalitären Gesellschaftsordnung unterwerfen. Der Verdacht liegt daher nahe, die Ablehnung der Reinkarnationslehre stehe im Zusammenhang mit der Aufrechterhaltung gewisser Machtstrukturen. (303) Doch die Wahrheit wird uns freimachen. Nicht die Absolution eines Priesters, Mullahs oder Brahmanen wird uns zum Heil führen, sondern die lehrende Beharrlichkeit des Karma, die die Gnade des Sich-Gott-näherns-in-Freiheit offenbart, wird die Verwandlung aller Geschöpfe bewirken. *„Manche wenden ein, daß das Prinzip der Gnade im Widerspruch zum harten Karmagesetz stehe, nach dem jede Schuld eingelöst werden müsse. Dieser Widerspruch zwischen Karma und Gnade besteht nur dem Schein nach, beide Prinzipien vereinigen sich wie alle Polaritäten in der Mitte und bedingen sich in Wirklichkeit gegenseitig. Gnade erfährt nur der, der sie erbittet. Um sie zu erbitten, muß der Mensch seine Schuld anerkennen. Karma aber ist das Gesetz, das dafür sorgt, daß der Mensch irgendwann einmal soweit kommt, seine Fehler, seine Schuld zu erkennen. Deshalb kann Gnade nur durch das Karma wirksam werden. Karma zielt auf die Einsicht des Menschen, stellt sich diese ein, ist er reif für die Gnade."* (304) Diese Form der Gnade integriert auch, wie schon beim Sühneleiden angedeutet, die liebevolle Zuwendung höherstehender Wesen, deren Segen neue Wege aufzeigt, ohne die Freiheit des einzelnen zu beschneiden. Diese Liebe setzt das Karma nicht außer Kraft, aber sie ist reines Geschenk, das niemals persönlich zurückgezahlt werden kann. *„Auf der Linie, die alle unsere Lebensläufe,*

303) Man betrachte einmal die Verbindung von Kirche und Faschismus!
304) Dethlefsen, Schicksal, S.232

die vergangenen und zukünftigen, verbindet, kann es keine größere Wohltat geben als die, welche uns die Meister erteilten, indem Sie uns Zugang zu der theosophischen Lehre verschafften; in Ihrer Eigenschaft als Individuen aber ist uns jede Rückgabe abgeschnitten, denn über alles, was wir tun können, sind Sie in jeder Beziehung erhaben." (305) Dieses Geschehen darf natürlich nicht, was hier auch nicht intendiert war, als auf eine bestimmte Gruppierung begrenzt angesehen werden. Es soll nur deutlich werden, in welcher Form Gnade dem Menschen begegnet. (306) Stünde die Evolution nur unter dem Gesetz, so müßte jeder Mensch aus eigener Kraft – ohne irgendwelche Hilfe – den Pfad finden. Doch da die Evolution unter dem Gesetz *und* der Liebe steht, wird sie sich in größerer Harmonie vollziehen, wenn mehr Liebe geschenkt wird.

In diesem Zusammenhang ist es von außerordentlicher Bedeutung, den tiefen Sinn des „Gebotes der Schuldvergebung" zu verstehen. Eine aus innerstem Herzen kommende Vergebung manifestiert eine göttliche Liebesenergie, die das Karma des Schuldners auflösen kann. *„Was anderen zugefügt wurde, wird logischerweise nur derjenige vergeben können, den es betraf. Deshalb hat ja, wie nachtodliche Erfahrungen deutlich machen, das Verzeihen, das Verzeihenkönnen und das Verziehenbekommen eine so enorm lösende, erlösende und somit befreiende Wirkung! „Vergib uns, wie wir vergeben." Sühne wird dann überflüssig, weil derjenige, dem großmütig verziehen wurde, aufgrund seines (schon jetzt oder nach dem Tode) erweiterten Erkenntniskreises ohnehin bemüht sein wird, sich der ihm widerfahrenen*

---

305) Leadbeater, I.Leben II., S.485

306) Vgl. auch Cayce: *„Erinnere dich daran, daß der Ursprung dieser Krankheit von dir selbst geschaffen wurde; er ist karmisch bedingt. Diese Ursache kann am besten durch Ihn beseitigt werden, der durch Erfüllung des Gesetzes das Gesetz von Ursache und Wirkung aufhob und dafür das Gesetz der Gnade einsetzte. Somit ist es für die Wesenheit notwendig, den Arm auf Ihn zu stützen, der das Gesetz, die Wahrheit und das Licht ist."* (Cerminara, a.a.O., S.91)

Großmut würdig zu erweisen. Somit wäre unser erlösendes Verzeihen ein geistiges Plus sowohl für uns selber, als auch für den andern.“ (307) Kann es ein größeres Mysterium geben als die verzeihende Liebe, die im Verzeihen zum Segen für den Verzeihung Gewährenden wird? In diesem Geschehen liegt eines der Geheimnisse des Karma begründet – eines der großen Geheimnisse des Lebens überhaupt! Wer den Schlüssel zu diesem Geheimnis in den Händen hält, versteht, warum Christus lehrte, die Liebe sei höher als das Gesetz.

Die Gnade hebt das Karma nicht auf, doch sie vermag es zu transformieren. Darin liegt ein entscheidender Unterschied zur Lehre, es gäbe nur Gnade und gar kein Karma. Wer nämlich außerhalb der Liebe lebt, steht ganz und ausschließlich unter dem Gesetz. Diese Relation zwischen Karma und Gnade darf nicht übersehen werden. *„Stellte das unfehlbare Karma die einzige Kraft hinter dem menschlichen Glück und Unglück dar, dann stünde es um die meisten von uns schlecht. Wir verfügen weder über die Kenntnis, die Kraft, noch die Tugendhaftigkeit, viel guten Verdienst anzuhäufen. Ganz im Gegenteil, wir verfügen über all die Unkenntnis, Schwäche und Sündhaftigkeit, ganze Berge von Fehlern anzuhäufen. Aber die Mildtätigkeit hinter dem Universum ist dergestalt, daß wir nicht ausschließlich der Behandlung durch das Karma anheimgestellt sind. Neben ihm gibt es noch eine andere Kraft – die Kraft der Gnade. Beide Kräfte wirken zusammen, obschon niemand voraussagen kann, wie viel vom einen oder wie wenig vom anderen in einem gegebenen Fall zu Tage treten wird. Allerdings mögen wir der Realität und Aktivität der Gnade unumstößlich versichert sein. Gäbe es keinen endgültigen Weg der Befreiung von irdischer Knechtschaft, dann würde unser Vorrat an selbstverschuldetem Schmerz bei jeder Geburt in einem solchen Ausmaß anwachsen, daß er sich nie er-*

307) Passian, Wiedergeburt, S.110 f.

schöpfte. Dann könnte uns unsere enorme Last karmischer Sünde niemals vergeben werden, und wenn er sich erst einmal im Bösen verlöre, dann wäre der Mensch auf immer verloren. Aber die Erlösung ist unser aller letztes Los, und nicht das Monopol einiger weniger; und keiner wird von der Erlösung ausgeschlossen sein, denn wir alle sind im Kreis der göttlichen Liebe enthalten." (308)

Niemand hat Gott je gesehen und sein Leben behalten; niemand kann daher ermessen, wie groß SEINE/ IHRE LIEBE ist. Wer daher schwer trägt an einer karmischen Last, sollte nie vergessen, das Seine/ Ihre Liebe höher ist als alle Vernunft. Wer sein Herz dieser LIEBE öffnet, empfängt das Wasser des Lebens, dessen silbern perlender Strom alles erlöst, was noch gebunden ist – und niemand wird je erfassen, welche Gnade Gott denen erweist, die ihn lieben...

---

308) Brunton, Karma, S.70

BIBLIOGRAPHIE

Abendroth, Walter, Reinkarnation, Frankfurt am Main 1986.

Adler, Gerhard; Aichelin, Helmut, Reinkarnation-Seelenwanderung- Wiedergeburt, eine religiöse Grundidee im Aufwind, Evangelische Zentralstelle für Weltanschauungsfragen Nr. 76, Stuttgart 1979.

Algeo, John, Reincarnation explored, Wheaton 1987.

Allgeier, Kurt, Niemand stirbt ewig, Zürich 1988.
Du hast schon einmal gelebt, München 1984[3].

Arends, Michael, Elementare Fragen zur Reinkarnation, St. Michael 1981.

Aurobindo, Briefe über den Yoga, Pondicherry 1977.
Das Göttliche Leben II, 2, Gladenbach 1974.

Baker, Douglas, Reincarnation why, where, how we lived before, Potters Bar 1981.

Bauer, Dietrich; Hoffmeister Max; Görg, Hartmut, Gespräche mit Ungeborenen, Kinder kündigen sich an, Stuttgart 1986.

Bauer, Hermann, Wiedergeburt – Du warst schon öfter auf dieser Erde. Du wirst wiederkommen! Würzburg 1986[2].

Beck, Heinrich, Reinkarnation oder Auferstehung – ein Wiederspruch? In: Grenzgebiete der Wissenschaft, 37. Jahrgang, Innsbruck 1988.

Berg, Philip S., The Wheels of a Soul, Jerusalem 1984.

Besant, Annie, Avataras, Hagen o.J.
Wiederverkörperungslehre, Leipzig o.J.
Eine Studie über das Bewußtsein, Leipzig 1906.
Eine Studie über Karma, Düsseldorf 1926[2].
Die uralte Weisheit, Graz 1971[2].

Bhanja, Nilendra N., Das religöse Weltbild bei R. Tagore, Gelnhausen 1964.

Blavatsky, H. P., Die Geheimlehre, den Haag o.J.

Bock, Emil, Wiederholte Erdenleben, Stuttgart 1975[6]

Bodhi Baum, Karma und Wiedergeburt, Scheibbs, 6/1984.

Brunton, Paul, Karma – Kette von Ursache und Wirkung, Freiburg im Breisgau 1986.

Buber, Martin (Hrsg.), Die Erzählungen der Chassidim, Zürich 1949.

Cannon, Alexander, The Shadow of Destiny, London 1970.

Cayce, Hugh Lynn, Edgar Cayce's Story of Karma, New York 1984[13].; Langlay, Noel, Edgar Cayce on Reincarnation, New York 1975[2].

Connolly, Eilleen, Earth Dance, a Romance of Reincarnation, North Hollywood 1984.

Cooke, Grace, Der Pfad der Einweihung, Grafing 1988[2].

Cranston, Sylvia; Williams, Carey, Reincarnation – a new Horizon in Science, Religion and Society, New York 1984.

Delacour, Jean-Baptiste, Aus dem Jenseits zurück – Berichte von Totgeglaubten, München 1973.

Dethlefsen, Thorwald, Das Erlebnis der Wiedergeburt, München 1979[3].
Das Leben nach dem Leben, München 1985[2].
Schicksal als Chance, München 1979.

Deussen, Paul, Das System der Vedanta, Leipzig 1906.

Dörrie, H., Kontroversen um die Seelenwanderung im kaiserzeitlichen Platonismus, Hermes 85/ 1957.

Douval, H. E., Beweise der Wiedergeburt, Freiburg im Breisgau 1956.

Ebertin, Baldur R., Reinkarnation und Bewußtsein, Freiburg im Breisgau 1987.

Eggenberger, Oswald, New Age – aus christlicher Sicht, Freiburg (CH) 1987.

Ernst, Robert, Zum Problem der Reinkarnation und „Überseelung“ In: Grenzgebiete der Wissenschaft, 35. Jahrgang, Innsbruck 1986.

Frei, Gerhard, Reinkarnation und christlicher Glaube, in Schweizer Rundschau, 47/ 1947, S.169-178.

Friedli, Richard, Zwischen Himmel und Hölle – die Reinkarnation, Freiburg 1986.

Frieling, Rudolf, Christentum und Wiederverkörperung, Stuttgart 1975[2].

Gallup, George Jr., Begegnungen mit der Unsterblichkeit, München 1983.

Glasenapp, Helmuth von, Die Philosophie der Inder, Stuttgart 1974.

Govinda, Lama Anagarika, Schöpferische Meditation und multidimensionales Bewußtsein, Freiburg 1977.

Grant, Joan, Tochter des Pharao, Zug 1975.

;Kelsey, Denys, Wiedergeburt und Heilung, Zug 1975.

Griscom, Chris, Zeit ist eine Illusion, München 1986.

Guirdham, Arthur, The Cathars and Reincarnation, Sudbury 1980[3].

The Island, Sudbury 1980.

The Psyche in Medicine, Sudbury 1978.

Hänggi, Hubert (u.a.), Reinkarnation – Wiedergeburt – aus christlicher Sicht, Freiburg (CH) 1987.

Haich, Elisabeth, Einweihung, München 1976[5].

Hall, Manley P., Reincarnation, the Cycle of Necessity, Los Angeles 1978[7].

Hartmann, Otto J., Der Mensch als Selbstgestalter seines Schicksals, Frankfurt am Main 1984[11].

Head, Joseph; Cranston S. L. (Hrsg.), Reincarnation – an East-West-Anthology, Wheaton 1975[3].
(Hrsg.), Reincarnation – The Phoenix Fire Mystery, New York 1979.

Hodson, Geoffrey, The Miracle of Birth, Wheaton 1981.

Hoffmeister, Max, Reinkarnation, Achberg 1975.
Die übersinnliche Vorbereitung der Inkarnation, Basel 1979.

Hummel, Reinhard, Reinkarnation und christlicher Glaube, Materialdienst 3/ 1983, Stuttgart 1983.
Reinkarnation, Mainz 1988.

Humphreys, Christmas, Karma und Wiedergeburt, München 1981[3].

Imago Mundi VII (hrsg. von Andreas Resch), Fortleben nach dem Tode, Innsbruck 1980.

Isaac, Stephen, Die Suche nach Wahrheit, Grafing 1984.

Iverson, Jeffrey, Leben wir öfter als einmal?, München 1977.

Jankovich, Stefan von, Ich war klinisch tot, München 1985.

Kant, Immanuel, Allgemeine Naturgeschichte und Theorie des Himmels, Bd.1, Preuss. Akademie d. Wiss. 1755.

Kardec, Allan, Das Buch der Geister und Medien, Freiburg im Breisgau 1977.

Ketteler, F. H., Der ursprüngliche Sinn der Dogmatik des Origenes, Berlin 1965.

Koch, H., Pronoia und Paideusis, Berlin 1932.

Kübler-Ross, Elisabeth, Über den Tod und das Leben danach, Melsbach 1984.

Küng, Hans, Ewiges Leben?, München 1983[3].

Mac Gregor, Geddes, Reinkarnation u. Karma im Christentum, Bd.1 + 2, Forstinning 1985 f.

Michel, Peter, Die Botschafter des Lichtes, Band I + II, Forstinning 1983 f.
Das Weltbild der Yoga-Meister, Forstinning 1982.

Moody, Raymond A., Leben nach dem Tod, Reinbek 1985[2].
Nachgedanken über das Leben nach dem Tod, Reinbek 1984[2].

Moore, Marcia; Douglas, Mark, Reincarnation, Key to Immortality, New York 1986.

Nelson, Ruby, Das Tor zur Unendlichkeit, Grafing 1986.

Netherton, Dr. Morris, Bericht vom Leben vor dem Leben, Bern 1978.

Newhouse, F. A., Das Christuslicht, Grafing 1988[2].

Nigg, Walter, Das große Buch der Ketzer, Zürich 1970[5].

Novalis, Werke, hrsg. v. Gerhard Schulz, München 1969.

Olcott, H. S., Der Buddhistische Katechismus, Leipzig 1906.

Origenes, De Principiis, ed. Görgemann/ Karpp, Darmstadt 1976.

Passian, Rudolf, Wiedergeburt – ein Leben oder viele?, München 1985.

Peick, Petra Angelika, Gerika – ein Engel fiel herab, Hamburg 1982.

Perkins, James S., Experiencing Reincarnation, Wheaton 1977.

Pickel, Hajo, Wiederverkörperung oder Einmaligkeit?, Kelkheim 1985.

Poppelbaum, Hermann, Schicksalsrätsel, Verkörperung und Wiederverkörperung, Dornach 1980.

Pryse, James Morgan, Reinkarnation im neuen Testament, Schwarzenburg 1980.

Raiber, Hedwig, Wir werden was wir sind, Dusslingen 1986.

Ravignant, Patrick, Reinkarnation, München 1985.

Ring, Kenneth, Den Tod erfahren – das Leben gewinnen, Bern 1985.

Rittelmeyer, Friedrich, Meine Lebensbegegnung mit Rudolf Steiner, Stuttgart 1980[9].

Robinson, Lytle W., Rückschau und Prophezeiung, Freiburg im Breisgau, 1979.

Rochas, Albert de, Die aufeinanderfolgenden Leben, Leipzig 1914.

Ruppert, Hans-Jürgen, New Age – Endzeit oder Wendezeit, Wiesbaden 1985.

Sabom, Dr. Michael B., Erinnerung an den Tod, München 1983.

Scheidt, Jürgen von, Wiedergeburt, München 1982.

Schmidt, K. O., Das abendländische Totenbuch, Bd.I Und der Tod wird nicht mehr sein, München 1973[2].
Bd.II Wir leben nicht nur einmal, München 1978[5].

Scholem, Gershom, Von der mystischen Gestalt der Gottheit, Frankfurt am Main 1977.
Die jüdische Mystik in ihren Hauptströmungen, Frankfurt am Main 1967.

Shelley, Violet M., Reincarnation Unnecessary, Virginia 1982[2].

Sigdell, Jan-Erik, „Ich schwebe irgendwie“, in Esotera 11/ 1981, Freiburg im Breisgau.

Sorge, Martin, Reise gegen die Zeit, Genf 1981[2].

Steiner, Rudolf, Esoterische Betrachtungen Karmischer Zusammenhänge Bd. 1-6, Dornach 1970[5]ff.
Geistige Zusammenhänge in der Gestaltung des menschlichen Organismus, Dornach 1976[2].
Die Geheimwissenschaften im Umriß, Dornach 1976[2].

Menschheitsentwicklung und Christus-Erkenntnis, Dornach 1976.
Moral und Karma, Beiträge zur R. S. Gesamtausgabe, Dornach 1974.
Die Offenbarungen des Karma, Dornach 1976[8].
Okkulte Untersuchungen über das Leben zwischen Tod und neuer Geburt, Dornach 1980[3].
Spirituelle Seelenlehre und Weltbetrachtung, Dornach 1972.
Ursprungsimpulse der Geisteswissenschaft, Dornach 1974.
Vor dem Tore der Theosophie, Dornach 1978[3].
Wiederverkörperung, hrsg. Klara Kreuzer, Stuttgart 1982.
Wiederverkörperung und Karma, Dornach 1987[5].

Stevenson, Ian, Reinkarnation, Freiburg im Breisgau 1979[3].
„In zwanzig Jahren wird die Reinkarnation akzeptiert sein." in Esotera 5/ 1976, Freiburg im Breisgau.

Sugrue, Thomas, Edgar Cayce – Sein Leben, München 1981.

Sunrise, Sonderausgabe Karma, München 2/ 1984.

Topper, Uwe, Wiedergeburt, Reinbek 1988.

Torwesten, Hans, Sind wir nur einmal auf Erden?, Freiburg im Breisgau 1983.

Toyne, Clarice, Heirs to Eternity, London 1976.

Trautmann, Werner, Naturwissenschaftler bestätigen Re-Inkarnation, Olten 1983.

Verbrugh, Hugo S., ... Wiederkommen, Stuttgart 1982.

Wachsmuth, Guenther, Reinkarnation, Dornach 1983[2].

Walker, Benjamin, Masks of the Soul, Wellingborough 1981.

Wambach, Helen S., Leben vor dem Leben, München 1980.
Seelenwanderung, München 1984[2].

Williston, Glen; Johnstone, Judith, Soul Search, Wellingborough 1983.

Witzenmann, Herbert, Vererbung und Wiederverkörperung des Geistes, Frankfurt am Main 1984.

Zimmer, Heinrich, Philosophie und Religion Indiens, Frankfurt am Main 1979[3].

Peter Michel

DIE BOTSCHAFTER DES LICHTES/Bd. I u. II

Die Beschäftigung mit „Esoterik“ ist zu einem der zentralen Themen unserer Zeit geworden. Leider ist es für den Anfänger nicht immer möglich, sich einen objektiven Überblick über die wesentlichen spirituellen Lehren zu verschaffen; und der bereits erfahrene Schüler auf dem Pfad besitzt nicht immer eine Spezialbibliothek, um zu einer bestimmten Frage die Antworten nachlesen zu können. Die beiden umfassenden Bände über die „Botschafter des Lichtes“ schließen daher eine wichtige Lücke. Sie erläutern umfangreich und mit großer Sachlichkeit das gesamte Weltbild der Esoterik.
Der interessierte Leser wird einen Leitfaden erhalten, der es ihm ermöglicht, *seinen* Weg zu finden. Er wird auf hohem Niveau über die reine Lehre einer wahrhaft auf den GEIST ausgerichteten Weltanschauung informiert.

Band I ISBN 3-922936-26-1
Band II ISBN 3-922936-34-2

Peter Michel

LEBEN AUS DER STILLE DES HERZENS

In einer von ermüdender Ruhelosigkeit und stressvoller Hektik geplagten Welt, wächst das Bedürfnis nach Stille und innerer Ruhe sprunghaft. In gleichem Maße vervielfältigte sich das Angebot an Meditationsübungen und Entspannungstechniken.
Für den Laien und Anfänger auf dem spirituellen Pfad erweist sich in diesem schillernden Spektrum von Heiligem und Scheinheiligem die Ortsbestimmung und Weg-Wahl als mühsam und verwirrend. Um dieser Schwierigkeit zu begegnen, wurde das vorliegende Handbuch verfaßt.
In umfassender und übersichtlicher Form werden dem an einer Vertiefung seines Lebens interessierten Leser alle wesentlichen westlichen und östlichen Meditationswege dargestellt. Vor allem wird aus ihrer inneren Analyse deutlich, welche Übungen im einzelnen für die unterschiedlichen Charaktere ratsam oder nicht ratsam sind.

ISBN 3-922936-46-6